月齢

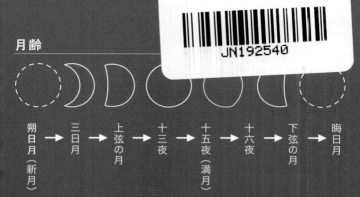

朔日月（新月） → 三日月 → 上弦の月 → 十三夜 → 十五夜（満月） → 十六夜 → 下弦の月 → 晦日月

二十四節気(にじゅうしせっき)……1年を24等分してそれぞれに季節を表す名称を
つけたもの。12の「節気」と「中気」が交互に配される。

五節供(ごせっく)……………伝統的な年中行事を行う季節の節目となる日。

　人日（じんじつ）　1月7日「七草の節供」

　上巳（じょうし）　3月3日「桃の節供」

　端午（たんご）　5月5日「菖蒲の節供」

　七夕（しちせき）　7月7日「笹の節供」

　重陽（ちょうよう）　9月9日「菊の節供」

雑節(ざっせつ)………………五節供・二十四節気以外の、季節の変わり目の日。

　土用：立春、立夏、立秋、立冬の前各18日間

　節分：立春の前日（2月3日頃）

　彼岸：春分と秋分を中日とする7日間

　八十八夜：立春から数えて88日目

　入梅：芒種から6日目頃

　半夏生：夏至より11日目　梅雨あけ

　二百十日：立春から数えて210日目

和食手帖

和食文化国民会議 監修

思文閣出版

もくじ

和食とは何か……3
ユネスコ無形文化遺産に記載された和食文化……4　　　料理形式……7

日常の和食……13
調理操作 (調理道具／野菜の切り方)……14
だし (だしの材料／だしの取り方)……23
食器……26　　　盛りつけ……31　　　作法……33

和食の食材……37
米……38　　　小麦……42　　　その他の穀類……44　　野菜・果実……45
海藻類……56　　　魚介類……59　　　肉……76

加工食品……81
塩……82　　　砂糖……83　　　食用油……84　　　味噌……85
醬油……86　　　みりん……87　　　酢……87　　　漬物……88
豆腐……90　　　ゆば……91　　　納豆……92　　　麩……92
葛粉／わらび粉……93　　こんにゃく……93　　主な水産加工品……94　　乳製品……95
日本酒……96　　　甘酒……99　　　焼酎……100　　　ワイン……101
緑茶……102　　　菓子……103

各地の食……104
北海道……106　　　主な地野菜・伝統野菜／生産高の多い野菜／飯／汁・鍋／
　　　　　　　　　　菜 (煮物・焼物・漬物)／麺／菓子・おやつ／行事食　(以下地域毎)
東北地方……108　　関東地方……112　　中部地方……116　　近畿地方……121
中国地方……125　　四国地方……128　　九州地方……131
旧国名対照表／主要鉄道路線図……137
駅弁……138

食に関する資料……145
和食の年表……146
食料自給率の変化……152
食文化に関する資料……154
年号表……161
行事・行事食とその背景――自然への感謝と祈り……164
(主な年中行事の背景と行事食例／通過儀礼と儀礼食例)
和食の歳時記　季語を通じて……169
和食の旅日記……175
執筆者／主な参考図書……188

「和食の心とかたち」

　和食は、地域の新鮮で多彩な食材を大切にし、四季おりおりの自然の恵みに対する感謝の心とこれを大切にする精神に支えられ、地域や家族をつなぐ日本人の生活文化です。

　和食は、米飯を主食とし、ご飯に合った多様な汁・菜・漬物によって構成される献立を基本に、正しく箸や椀などを使う日本の食習慣です。味わいは、だしのうま味をベースとし、醤油、味噌、酢などの伝統的な調味料を用いてつくられます。伝統的なすしや郷土の食、うどんや蕎麦などの粉食、また日本で育まれ培われて日本人の生活に定着しているものも和食といえましょう。

　和食は、多種、多様な食材の利用を通じて、日本人の健康に寄与することが期待されます。

　　　　　　　　　　　一般社団法人 和食文化国民会議

　一般社団法人 和食文化国民会議が、ユネスコ無形文化遺産に登録された「和食」の内容を把握して保護・継承するために平成 29 年 6 月 15 日提唱したものである。

【和食とは何か】

ユネスコ無形文化遺産に記載された和食文化

ユネスコ無形文化遺産の代表的な一覧表に記載された和食文化の特徴の根底にあるのは「自然の尊重」である。人々は自然の恵みに異文化を融合させ、四季折々の多様な食材を組み合わせた食事を用意して健康を支えてきた。また、自然の中に神を感じ、豊作や健康を祈る行事と神に捧げる行事食、季節や自然を感じる料理や食器、これ等を地域や家庭で築いてきた知恵と心など和食文化の特徴を理解し次世代に伝えていきたい。

ユネスコの人類の無形文化遺産の代表的な一覧表に記載された日：平成25年（2013年）12月4日
記載名称
和食；日本人の伝統的な食文化 ― 正月を例として ―
英文名称
　Washoku, traditional dietary cultures of the Japanese, notably for the celebration of New Year

提案書にみる「和食」（和食文化）の特徴

①「和食」は食の生産から加工、準備及び消費に至るまでの技能や知識、実践や伝統に係る包括的な社会的慣習である。これは、資源の持続的な利用と密接に関係している「自然の尊重」という基本的な精神に因んでいる。

②「和食」は、生活の一部として、また年中行事とも関連して発展し、人と自然的・社会的環境の関係性の変化に応じて常に再構築されてきた。

③日常生活においても同様に、バランスの良い伝統的な食事をとることにより、「和食」はアイデンティティを再認識させたり、家族や地域の絆を強めたり、健康的な生活に貢献したりする重要な社会的役割を担っている。

④正月は代々受け継がれてきた日本の伝統がアイデンティティや継承感を再認識させるものであり、「和食」に関する基本的な知識や社会的・文化的特徴が典型的にみられる。正月における「和食」は地域ごとに多様性に富み、各地の歴史的・地理的特徴を表している。

「無形文化遺産の代表的な一覧表への記載についての提案書」(農林水産省作成仮訳)
和食文化国民会議監修『和食とは何か』(著者熊倉功夫・江原絢子　思文閣出版　2015)資料より

他国のユネスコ無形文化遺産（食文化関連）

1.　伝統的なメキシコ料理 ― 先祖から伝わり、現在につながる共同体文化の規範をミチョアカンに見る（提案国：メキシコ、記載年月：2010年11月）

2.　フランス人の美食術（提案国：フランス、記載年月：同上）

3.　地中海の食事法（提案国：イタリア、ギリシャ、スペイン、モロッコ、記載年月：2010年11月；追加提案国：キプロス、クロアチア、ポルトガル、追加記載年月：2013年12月）

4.　儀礼としてのケシケシの伝統（提案国：トルコ、記載年月：2011年11月）

5. トルコのコーヒー文化と伝統（提案国：トルコ、記載年月：2013年12月）

6. 古代ジョージアの伝統的ワイン製法クヴェヴリ（提案国：ジョージア、記載年月：同上）

7. キムチを作り分かち合う、韓国のキムジャン（提案国：韓国、記載年月：同上）

8. アルメニア文化を表現する伝統的なパン、ラヴァシュの製法と意義、外観（提案国：アルメニア、記載年月：2014年12月）

9. アラビアコーヒー、寛大さの象徴（提案国：アラブ首長国連邦、サウジアラビア、オマーン、カタール、記載年月：2015年12月）

10. 朝鮮民主主義人民共和国でのキムチ漬けの伝統（提案国：朝鮮民主主義人民共和国、記載年月：同上）

11. フラットブレッドの製法と分かち合いの文化―ラヴァシュ、カティルマ、ジュブカ、ユフカ（提案国：アゼルバイジャン、イラン、キルギス、カザフスタン、トルコ、記載年月：2016年12月）

12. ベルギーのビール文化（提案国：ベルギー、記載年月：同上）

13. ウズベキスタンのプロフ（提案国：ウズベキスタン、記載年月：同上）

14. オシュ・パラウ：タジキスタンの伝統料理とその社会・文化的背景（提案国：タジキスタン、記載年月：同上）

料理形式

日本の代表的な料理形式には、古代貴族の儀礼的料理であった「大饗料理」、室町時代に武家の饗応料理として成立した「本膳料理」、茶の湯の発展に伴って成立した「懐石料理」、さらに江戸時代料理屋の発展により成立した「会席料理」がある。

1. 大饗料理 [だいきょうりょうり]

平安時代貴族の饗応料理。中国の形式を模倣。
食卓（台盤）に蒸した高盛飯を中心にたくさんの皿が並ぶ。調味された料理はほとんどなく塩・酢・酒・醤などの調味料をつけて食すものが多い。箸と匙の両方が使用され、料理の皿数は偶数で供されることが特徴である。

例：永久4年（1116）藤原忠通の大饗（正客用）

東京国立博物館所蔵「類聚雑要抄」巻第1下(部分)

この例はもっとも身分の高い人の例。身分により料理数や調味料などが異なる。

●上図の料理名は次頁の通り

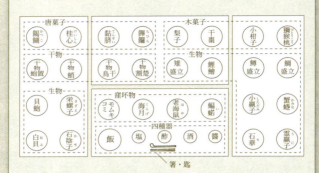

2. 本膳料理 [ほんぜんりょうり]

武士の饗応料理として室町時代に成立し江戸後期に各層に普及。

1人用の銘々膳に料理を並べた形式。通常複数の膳が並べられ7膳におよぶ場合もある。

1つの膳にのせる料理数は、中世では飯に8種（香物を含む）の菜が置かれる例があるが、江戸時代以降、2種の菜が一般化する。献立は坪、平、猪口など器の名称でよばれることが多い。本膳料理だけが出されることは少なく、前後に酒礼、酒宴などが行われる。

①中世の本膳料理献立例　一の膳（本膳）部分に数種の菜がのせられる。

饗応の流れ

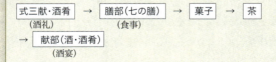

例：三好義長邸の七の膳（『永禄四年三好亭御成記』〈1561〉
をもとに作成）

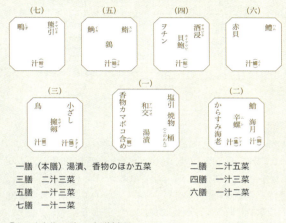

一膳（本膳）湯漬、香物のほか五菜　　二膳　二汁五菜
三膳　二汁三菜　　　　　　　　　　　四膳　一汁三菜
五膳　一汁三菜　　　　　　　　　　　六膳　一汁二菜
七膳　一汁二菜

②江戸時代以降の本膳料理

饗応の流れ（中世の例に類似）

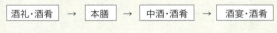

三の膳つきの例（『日本料理大全　プロローグ』）

例：二の膳つきの献立

汁：つみいれ・えのき・嫁菜
なます：鯛造り身・赤貝せん・栗生姜
坪：小かも・せうろ(松露)・粟麩
二の汁：すずき・青昆布
平：車海老・ちまきはんぺん・生椎茸・小口芋
猪口：三つ葉・うど・春菊・つくし
焼物：小鯛の色つけやき

3. 懐石料理 [かいせきりょうり]

茶事の中でいただく料理として安土桃山時代に完成。
一汁二〜三菜を基本に、初めに飯・汁・向付(むこうづけ)が出され、その後、椀物・焼物などが順に出されるコース（時系列）形式。季節感のある食材・器、温かなものは温かく、食べきる量の料理などを通して、料理にメッセージ性をもたせる。現代は下記の例のようにご馳走が並ぶ。

懐石料理の流れ

折敷(足のない膳)

例：懐石（現代）

向付：鯛の昆布〆・水前寺海苔・防風・わさび
汁：紅白結生麩・小豆・落としからし・あわせ味噌
飯
煮物椀：海老真薯・大根・しめじ・柚子
焼物：まなかつおの幽庵焼
強肴：えび芋、湯葉、菊菜の炊き合せ
吸物：松の実・針生姜
八寸：からすみ・慈姑
香物：沢庵・日野菜
湯桶

4. 会席料理 ［かいせきりょうり］

料理屋の発展とともに江戸時代に成立。

酒を楽しむための料理（酒肴）が順次出され、最後に飯・汁・香物などが出される点で、最初から飯と汁が供される懐石料理とは異なる。内容は比較的自由で、名称も供し方も時代、場所により異なる。現代、料理店では懐石料理と称することが多いが、会席料理の様式で茶事にともなうものではないことが多い。

会席料理の流れ

前菜（先付） → 造り（刺身） → 椀盛（吸い物） → 焼物 →

煮物 → 和物（酢の物） → 飯・味噌汁・香物 → 水菓子（果物）

5. その他

- **精進料理** ［しょうじんりょうり］：鎌倉時代に伝わった禅宗の影響を受け、動物性の食材を使用しない料理を精進料理という。そのほかに、においの強いネギ・ニラ・ラッキョウやニンニクなども寺院によっては禁じている。精進だし（昆布・椎茸・大豆・干瓢など）、がんもどきのようなもどき料理、味噌料理、麩料理、胡麻豆腐など、和食の料理技術の向上に大きな影響を与えている。また食事作りや作法なども修行とする思考は懐石料理などにも影響を与えた。民間の葬儀や法要などにも精進料理が供されることが多い。
- **普茶料理** ［ふちゃりょうり］：江戸時代初期に移入された中国風精進料理をいい、黄檗山万福寺の開祖隠元禅師がもたらしたので「黄檗料理」ともいう。「膳」ではなく「卓」を用い、四人単位での共食を行う。
- **卓袱料理** ［しっぽくりょうり］：中国料理が長崎経由で入り日本化し、長崎の郷土料理として発展した。卓袱とは中国語ではテーブルクロスのことであるが、日本では、座卓形式の食卓のことを、卓袱台と書いてちゃぶ台と読む。

5. 日常食

伝統的には一汁一〜二菜。その形を継承し、魚介類・肉類等を中心とした主菜と、野菜・豆・いも類をとりあわせた副菜、具たくさんの汁などを季節ごとに用意することで、健康的な食事を継続することが可能。皿数にこだわるよりも、多様な食材を組み合わせることに留意。

```
┌─────────────────┐            ┌─────────────────┐
│ 副菜      主菜   │            │ 副菜      主菜   │
│      漬物       │    または   │       副々菜    │
│                 │            │       漬物      │
│ 飯        汁    │            │ 飯        汁    │
└─────────────────┘            └─────────────────┘
```

例：日常食（現代）

飯、汁（味噌汁）、焼魚、煮物、漬物

【日常の和食】

調理操作

調理にはさまざまな工程があり、使う器具も多種多様である。
ここでは色々な調理法と、そこで使われる道具を紹介しよう。

調理の下拵え：洗う（流し洗い、かくはん洗い、ふり洗い、もみ
洗い）水や湯に浸ける（もどす、浸す、湯引き）、解凍、
切る、おろす、混ぜる、こねる、絞る、濾す、伸ばす、
包む、ねじる、巻く、結ぶ、丸める
＊塩処理（立て塩：塩水に漬ける、振り塩：塩を振りか
ける）

調理法：茹で物（うどん、そば、野菜の下処理、山菜・たけのこ
のあく抜きなど）

煮物　　（塩煮、煮しめ、煮つけ、照り煮、うま煮、炒め煮、
砂糖煮、味噌煮、煮含め煮、煮込み、煎り煮など）

汁物　　（吸物、すまし汁、潮汁、味噌汁、粕汁、すり
流し汁、とろろ汁、ご汁、けんちん汁、さつま
汁、のっぺい汁、吉野汁など）

鍋物　　（湯豆腐、ちり鍋、水炊き、寄せ鍋、すき焼き、
かき鍋、おでんなど）

蒸し物（卵豆腐、茶碗蒸し、饅頭、蒸し芋、蒸し魚、
赤飯など）

焼き物（串焼き、網焼き、塩焼き、照り焼き、つけ焼き、
かば焼き、味噌焼き、鍋焼き、板焼き、包み焼
き、石焼き、ほうろく焼き、塩釜焼きなど）

揚げ物（素揚げ、から揚げ、衣揚げなど）

和え物（酢味噌和え、ゴマ和えなど）

浸し物、酢の物（なますなど）

寄せ物（寒天寄せ、煮こごりなど）

漬物　　（塩漬け・粕漬け・糠漬け・麹漬けなど）

調理道具

1. 台所設備、燃源

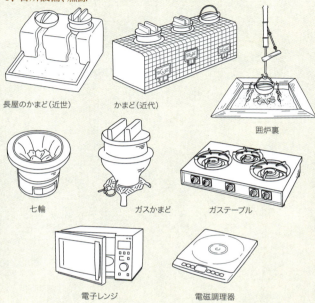

長屋のかまど(近世)　かまど(近代)　囲炉裏

七輪　ガスかまど　ガステーブル

電子レンジ　電磁調理器

2. 加熱用道具

①炊飯用

羽釜　文化鍋　炊飯器

②煮物・汁物用

ゆきひら鍋　両手鍋　土鍋

3. 切る道具

① 薄刃：片刃包丁、関東型と関西型(鎌形)

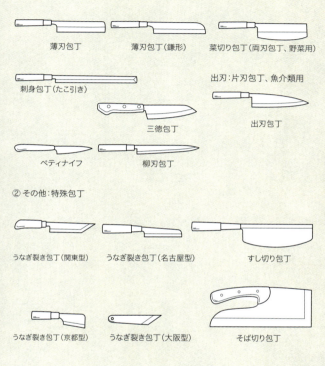

薄刃包丁　　薄刃包丁(鎌形)　　菜切り包丁(両刃包丁、野菜用)

刺身包丁(たこ引き)

出刃：片刃包丁、魚介類用

三徳包丁

出刃包丁

ペティナイフ　　柳刃包丁

② その他：特殊包丁

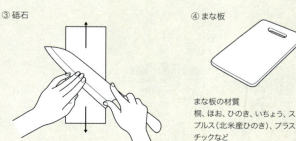

うなぎ裂き包丁(関東型)　　うなぎ裂き包丁(名古屋型)　　すし切り包丁

うなぎ裂き包丁(京都型)　　うなぎ裂き包丁(大阪型)　　そば切り包丁

③ 砥石

④ まな板

まな板の材質
桐、ほお、ひのき、いちょう、スプルス(北米産ひのき)、プラスチックなど

4. はかる道具

穀ます(江戸時代)
液ます(近代)
天秤計り
計量カップ
上皿秤
計量スプーン
キッチンタイマー
クッキングスケール

5. おろす、する道具

石臼
すりこぎ
すり鉢
フードプロセッサー
おろし器
鬼おろし
わさびおろし

6. こす道具

味噌こし(竹、金属)
裏ごし器
ざる
盆ざる

7. 形をつくる

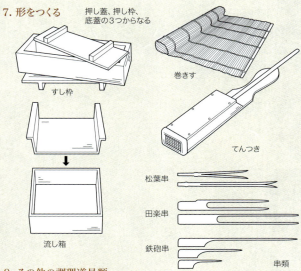

押し蓋、押し枠、底蓋の3つからなる

すし枠／巻きす／てんつき／流し箱／松葉串／田楽串／鉄砲串／串類

8. その他の調理道具類

かつお削り器／杓子（しゃくし）／しゃもじ／玉杓子／穴杓子／目うち針／刷毛（はけ）／骨抜き／飯台／さらしふきん

9. 配膳に関する道具

膳

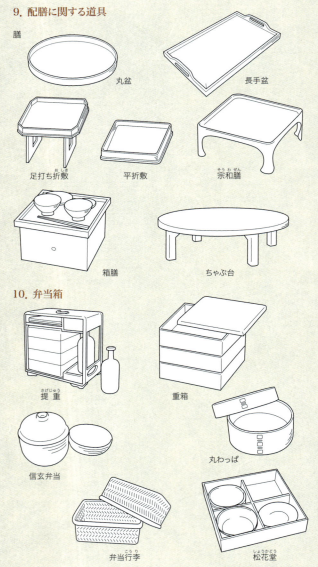

丸盆

長手盆

足打ち折敷

平折敷

宗和膳

箱膳

ちゃぶ台

10. 弁当箱

提重

重箱

信玄弁当

丸わっぱ

弁当行李

松花堂

11. 箸類

片口箸
両口箸

片口箸は日常用、両口箸は祭祀用（神と共食）に用いられることが多い。
両口箸は箸先が2つになるので菜を取り分けるときにも使用されることがある。

儀礼用

竹折箸
新嘗祭に用いられているが、ピンセット状で日本独特の箸といわれる

神饌御箸
神饌用で古来から伝承されている箸と箸置

割箸
持ち手側の切り口の形で名称がつけられている。
杉・竹・その他の木材で作られる。使い捨て箸。

小判

元禄

天削

利休箸
利休型割箸
黒文字
揚げ箸
こね箸
菜箸

その他、取り箸がある。また、箸に準じて楊枝も使われる。

12. その他

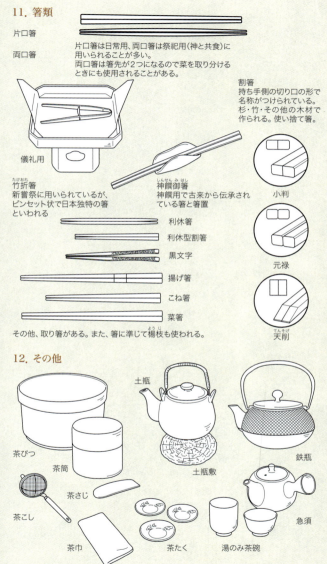

茶びつ
茶筒
土瓶
土瓶敷
鉄瓶
茶こし
茶さじ
茶巾
茶たく
湯のみ茶碗
急須

野菜の切り方

1. 基本の切り方

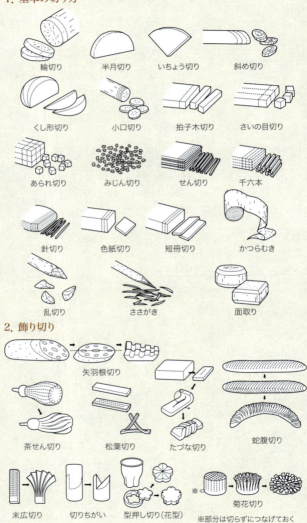

輪切り　半月切り　いちょう切り　斜め切り

くし形切り　小口切り　拍子木切り　さいの目切り

あられ切り　みじん切り　せん切り　千六本

針切り　色紙切り　短冊切り　かつらむき

乱切り　ささがき　面取り

2. 飾り切り

矢羽根切り

茶せん切り　松葉切り　たづな切り　蛇腹切り

末広切り　切りちがい　型押し切り（花型）　菊花切り

※部分は切らずにつなげておく

だし

だしは材料から水でうま味成分を抽出した汁のこと。水の硬度でだし成分の出方が異なる（特に昆布）。昆布だし、かつおだし、混合だし、煮干しだし、精進だしなど。

だしの材料

かつお節、昆布、干し椎茸、煮干し、大豆、かんぴょう、干し貝柱、干しえび、するめ、野菜類（特に、トマト）。

• かつお節（本枯節・荒本節・裸本節・枯亀節など）のほかにサバ節・まぐろ節・宗田節など。

• 煮干しはイワシ（カタクチイワシ・ウルメイワシ・マイワシ）を茹でて干したもの、トビウオ（アゴ）、アジ、鮎、鯛など。

昆布の種類と特徴

種類	特徴と用途	
利尻昆布	葉の色が濃く、硬質	だしは清澄で上品、まろやか。吸物に最適。だしは塩味がかって香りがよい。京都では椀物、湯豆腐、千枚漬けなどにも用いる。
羅臼昆布	葉幅が広く、肉薄	だしの色は黄色みが強い。うま味と酸味が特徴。酢昆布など。富山地方で多用。
真昆布	繊維質がやわらかい	透明感のある上品なだし。塩昆布、昆布じめ、おぼろ昆布などにも。
三石昆布 （日高昆布）	肉質がやわらかい	煮物用（昆布巻き、佃煮、惣菜用）。磯の風味が高く、うま味のあるだし。関東以北で多用。
長昆布	灰色がかった黒色、肉質はやわらかい	加工用（昆布巻き、佃煮、惣菜、切り昆布など）。沖縄で多用。
細目昆布	黒色だが、切り口は一番白い	歴史的には一番古い種類。加工用（とろろ、切り昆布、昆布茶など）。

だしの取り方　　※標準的な用法を示す。昆布の種類や好みで条件がことなる。

1. 昆布だし

材料：昆布15g、水 1 L（リットル）

1）昆布の表面を乾いた布きんで軽く拭き、汚れのみを落とす。
2）鍋に分量の水と昆布を入れ、30分おく。
3）中火にかけて、沸騰直前にとりだす。

水出し法は水 1 L に昆布10～20gを入れ、冷暗所で一晩おいてできあがり（冷蔵庫で10～12時間くらい保存可）。

2. かつお節だし

材料：かつお節 6 g、水300ml

①一番だし

1）鍋に水300mlを入れ火にかけ沸騰させる。
2）弱火にしてかつお節（汁の 2 ％）を入れ、弱い沸騰にして30秒ほどたったら火を消す。
3）かつお節が沈んだら絞った布きんをざるにあててこす。このとき押さえないこと。

②二番だし

1）水200mlに一番だしで使用したかつお節を入れて火にかけ、弱い沸騰にして 3 分で火を止める。
2）一番だしと同様にこす。

3. 昆布・かつお節だし（混合だしまたは合せだし）

材料：昆布10g、かつお節（削りたてが良い）15～20g（花かつおの場合30g）、水 1 L

①一番だし

1）鍋に水を入れ、昆布を入れ中火にかける（昆布は30分から 1 時間水につけてから煮出した方がよい）。
2）昆布を沸騰直前に取り出す。
3）沸騰させ、あくをとり火を止めてすぐ削りかつおを入れる。
4）かつお節が沈んできたら（1分半～ 2 分）固く絞った濡れ布きんかペーパータオルで静かにこす。最後に布きんを絞らないこと。

②二番だし

1） 一番だしで使用した昆布とかつお節を鍋に入れ、1Lの水を加え中火にかける。

2） 沸騰したらあらたに同量のかつお節を加え、弱火で10分ほど煮て、布きんでこす。今度はしっかり絞ってうま味を引き出す。

4. 煮干しだし

材料：煮干し50g、水2L

1） 煮干しの頭と内臓をとりのぞく。

2） 鍋に分量の水と1）の煮干しを入れて中火で加熱する。

3） 沸騰すれば火を弱め、10～15分火にかける。

4） ざるに布またはペーパータオルを敷いてこす。

　　※煮干し（いりこともいう）：一般的にはイワシの稚魚が多いが、アゴ（トビウオ）の稚魚や鮎など、地域の漁場での収穫により工夫されている。

5. 精進だし

材料：干し椎茸3枚、昆布5cm角1枚、煎り大豆30g、かんぴょう10g、水1L

1） すべての材料を水につけ、一日置く。

2） 鍋に1）を入れ中火にかけて、沸騰して2～5分でこしてしあげる。材料が吸水するのでできあがりは少なくなる。

　　※精進だしの材料はほかに干した野菜、煎り大豆、乾燥豆腐なども用いられる。

6. なべ物のだし　　一般的に二番だしを使用する。

材料：昆布7g、かつお節40g、水2L

1） なべに水と昆布を入れて、約1時間浸けておく。

2） 1）にかつお節を加え強火にかける。沸騰してきたら火を弱めてあくをとる。弱火で5分加熱する。

3） こし器にてこす。
　　1.8Lだしがとれる。

食器

1. 食器の素材

A　木の葉　（柏・朴・笹など食べ物を盛る）

B　木地物（1、白木　2、塗物　3、漆器・籃胎漆器）

C　焼物（1、土器・土師器・須恵器・カワラケ　2、陶器・炻器　3、磁器）

D　その他（ガラス、金属、紙、プラスチックなど）

2. 漆器について

漆は縄文時代から利用されている。漆・漆器は海外では「japan」という。

漆の効用は耐水性・防腐性・防虫効果。性質は湿気、熱、酸、アルコールや塩分に強い。

漆器の取り扱い：直射日光にあてない。煮沸しない。乾燥しすぎない。

電子レンジ、オーブンは使用しない。かたいものでこすらない。

漆器の洗い方：使用後はなるべく早く汚れを落とす。ぬるま湯で柔らかいスポンジや布巾を使用する。やわらかい布巾で水気をとる。

蒔絵のある漆器は丁寧に扱う。食洗機は使用しない。

3. 焼物の特徴

土器・陶器　原料：粘土。焼成温度は土器700〜800度、陶器800〜1300度。

特徴：素地は白地から有色まで様々で、光を通さない。吸水性があり、たたくと鈍い音がする。

炻器　硬く緻密に焼き締められた焼物で焼成温度は1200〜1300度。

特徴：吸水性が少なく、たたくと硬い音がする。

磁器　原料：坏土（陶石と呼ばれる岩石を砕き、その粉粒を練

ったもの)。焼成温度1200〜1300度。

特徴：素地が白色で透光性をもつ。水がしみない。たたくと金属的な冴えた音がする。

4. 器の部分名称

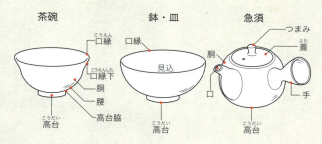

5. 食器の種類

椀・碗：飯・汁・平・壺・四ッ椀（碗）
　　　※材質が木の場合は椀、焼物の場合は碗
鉢：小鉢・中鉢・大鉢・猪口・丼鉢・皿鉢
皿：かわらけ・小皿・中皿・大皿

自然・動植物・風物の図柄

菊花流水

松竹梅
多く描かれる絵柄の一つ。長い冬を経て訪れる春の喜びから転じ、めでたさの象徴

ねずみ

大根・蕪

筏流し（いかだながし）
雪解けから秋まで、流れて材木を運ぶ風物

雪輪（ゆきわ・ゆきのわ）

鳥
雪月花はつねに題材になる

月
雪月花はつねに題材になる

山水（さんすい）

蛸唐草（たこからくさ）
葉や花実が抽象化され蛸の吸盤に見える唐草

雨降り文（あめふりもん）

青海波（せいかいは）

雷文（かみなり(らい)もん）

氷裂（氷割）（ひょうれつ(ひわれ)）
薄い氷が割れる様子

七宝繋ぎ（しっぽうつなぎ）

秋草露文（あきくさつゆもん）

唐草
様々なバリエーションがある。蔓や茎がつながり広がる様子

形状によるデザイン・名称

兜皿・兜鉢（かぶとざら・かぶとばち）
裏返すと兜のような深皿

片口（かたくち）

結び（むすび）

端反り（はたぞ（はそ））

割山椒（わりざんしょう）

貝（かい）

あわび

切立・筒型（きったち（きったて））

輪花（りんか）

朝顔手（あさがおで）

なます皿

高坏（たかつき）

猪口（ちょこ）

菊花（きっか）

八つ橋（や・はし）

手塩皿（てしおざら）
浅めの小皿はとりわける際などに使う
11～12cm位の径が多い

蕎麦猪口（そばちょく（ちょこ））
蕎麦用に特化した猪口

板作り・陶板（いたづくり・とうばん）

29 和食手帖

盛りつけ

1. 食事の基本配置例（一汁三菜の場合）

日常食は一汁二菜の場合も多いが、三菜の場合は下図のようにする。
おかず類は様々な配置があるが、ご飯は左手前、汁は右手前に置き、
箸は飯と汁の前に口にあたる側を左にして横に置く。

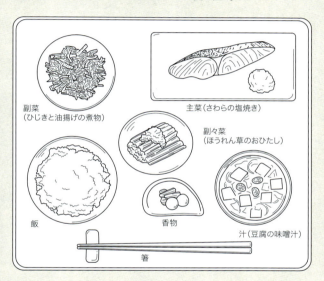

2. 余白の生かし方

料理と器の余白の割合は7：3、6：4という比率が良い。
5：5は美しく、もっとも格の高い盛りつけである。

7：3

6：4

5：5

3. 盛りつけの五つの形

① 杉盛り…小高く盛る

② 平盛り…刺身など

③ 山盛り…
たくさんのものを
安定よく盛る

④ 寄せ盛り…
すべてのものを
中心に向けて盛る

⑤ 綾盛り…
いろいろなものを
交互に盛る

4. 器の合わせ方「非対称の美」

丸い器には角の料理を盛り、
非対称の美しさを演出する。
器も料理も同じ形でそろえない。

5. 重箱の盛り込み例

三種　　　　　五種　　　　　五種　　　　　九種

作法

和食の基本：食べ方のマナー

食事の際は、左手にご飯茶碗を持ち、箸をとり、まずひと口ご飯をいただく。食べ方の順番は、おかずと汁物の間にご飯をはさんで食べ進む（口中調味）。

1. 箸の使い方

基本の持ち方は、一本を親指、人差し指、中指で持ち、もう一本を薬指の先に置き、親指の付け根で支える。

箸先の開閉は、三本の指で支えている方の箸一本で行う。

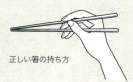

正しい箸の持ち方

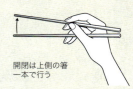

開閉は上側の箸一本で行う

2. 箸のとり方

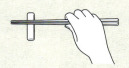

①箸の中央からやや右に寄ったところを、上からとりあげます。

②とりあげた箸の左の箸先寄りに、左手を下から添えます。

③右手を右端に滑らせ、端にきたら下側に回りこませて箸を持ちます。

④左手をはずします。

3. 器と箸の扱い方

①器を両手で持ちあげます。

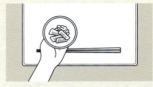

②持ちあげた器を左手のひらにのせます。

③箸を右手でとりあげ、器下の左手の人指し指と中指の間で箸先をはさみます。

④右手を滑らせて箸下に移動させ、箸を持ちます。

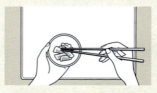

⑤箸先を左手からはずし、料理をいただきます。箸を置くときは持つときと逆の順で置き、最後に器を置きます。

4. 箸使いのタブー：嫌い箸

指し箸
食事中、箸で人や
ものを指すこと

移り箸・重ね箸
お菜を食べた箸でまた
お菜を取りに移すこと

迷い箸
どの料理にしようか迷い、
箸を料理の上で動かすこと

5. お椀の扱い方

①左手で椀を押さえながら右手で蓋をはずす

②椀についたしずくを落とさないように
　裏返して、右側に置く

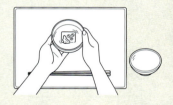

③両手で椀を持ちあげ、34頁の要領で
　箸を持つ

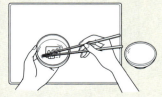

④箸で中の実を軽く押さえながらまず汁
　を味わい、次に実を箸で食べる

⑤食べ終えたら、箸を置き、器を置いて
　左手を椀に添え、蓋をかぶせる

6. 料亭でのマナー

靴を脱いで料亭に入る際は前を向いて脱ぐ。
和室には上座と下座があり、床の間に近い場所が上座となる。
部屋に通されたら、床の間から遠い下座に近い場所で座布団をはずして待つ。
目上の方が座った後に席に着く。

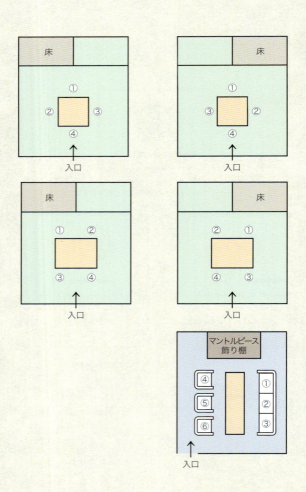

【和食の食材】

米

米は粒食。米の外側（果皮など）は柔らかく、内側（胚乳：可食部）は硬いので、搗精すると可食部（白米）は粒で残る。

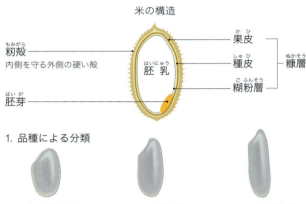

米の構造

1. 品種による分類

ジャポニカ（短粒米）
主に、日本、韓国、台湾で栽培。粘りが強く炊くまたは蒸して食べる。生産量は15％以下、世界的に少ない。

ジャバニカ（中粒米）
インドネシア、スペイン、アメリカで栽培。ジャポニカと似た食感がある。カリフォルニア米（カルローズなど）はこの品種。生産量は非常に少ない。

インディカ（長粒米）
東南アジア諸国、中国、インド、バングラデシュ、南・北アメリカ大陸などで栽培。粘りが少なくパサパサした食感。米の生産のうち生産量はもっとも多い。

- 古代米（通称）
  古代から栽培されていた野生種に近い米。糠の部分に色素（アントシアニンなど）を含む。精白すると白米になる。赤米（糠部分が赤色）、紫黒米（糠部分が紫黒色）、香り米（特有の香り）など。

2. デンプン組成による分類

デンプンはアミロース（粘り小）とアミロペクチン（粘り大）からなる。
- 粳米：アミロース約20％、アミロペクチン約80％
- 糯米：アミロペクチン100％

3. 搗精（精白）度による分類

- 玄米：籾から籾殻を除いたもの
- 胚芽米：胚芽と胚乳のみの米
- 白米（精白米）：胚乳のみの米

  ※糠部分に、ビタミン、油脂、ミネラル、食物繊維を多く含む。
  胚芽にビタミン、ミネラルを多く含む。
  白米は主にデンプン（約94％）とタンパク質（約6％）

- 無洗米：精白米の表面に残っている粘着性の強い糠を、取り除いた洗米不要の白米。

4. 米粉

生のまま
粉にしたもの ─┬─ 粳米　上新粉、上用粉など（かるかんなどに）

　　　　　　　　└─ 糯米　白玉粉、求肥粉、
　　　　　　　　　　　　 寒晒粉など（白玉団子などに）

加熱（糊化）
してから粉末─┬─ 粳米　うるち上南粉、
にしたもの　　　　　　 早並粉など

　　　　　　　　└─ 糯米　寒梅粉、道明寺粉、
　　　　　　　　　　　　 手焼きみじん粉など（桜餅、椿餅などに）

主要なうるち米の銘柄 （日本穀物検定協会：平成28年度「特A、A、A'」ランク）

あいちのかおり	愛知県
あきさかり	福井県
あきたこまち	秋田県、岩手県、茨城県、愛媛県
秋の詩	滋賀県
あきほなみ	鹿児島県
あきろまん	広島県
朝日	岡山県
あさひの夢	栃木県
イクひかり	鹿児島県
いわてっこ	岩手県
おいでまい	香川県
キヌヒカリ	神奈川県、京都府、和歌山県、徳島県
きぬむすめ	兵庫県、鳥取県、島根県、岡山県、山口県

きらら397	北海道
くまさんの力	熊本県
元気つくし	福岡県
こしいぶき	新潟県
コシヒカリ	山形県、福島県、茨城県、栃木県、群馬県、千葉県、新潟県、長野県、山梨県、富山県、石川県、福井県、静岡県、岐阜県、愛知県、三重県、滋賀県、京都府、兵庫県、香川県、徳島県、愛媛県、高知県、岡山県、鳥取県、島根県、広島県、山口県、佐賀県、長崎県、熊本県、宮崎県、鹿児島県
ゴロピカリ	群馬県
彩のかがやき	埼玉県
彩のくずな	
さがびより	佐賀県
ササニシキ	宮城県
晴天の霹靂	青森県
つがるロマン	青森県
つやひめ	宮城県、山形県、島根県
てんたかく	富山県
てんこもり	
天のつぶ	福島県
とちぎの星	栃木県
どんぴしゃり	岩手県
なすひかり	栃木県
ななつぼし	北海道
にこまる	愛媛県、高知県、長崎県
はえぬき	山形県
ハツシモ	岐阜県
ハナエチゼン	福井県
晴るる	山口県
ひとめぼれ	岩手県、秋田県、宮城県、山形県、福島県、鳥取県、山口県、大分県
ヒノヒカリ	奈良県、兵庫県、香川県、愛媛県、高知県、広島県、福岡県、佐賀県、大分県、熊本県、鹿児島県

フックリンコ	北海道
ふさおとめ	
ふさこがね	千葉県
まいひかり	宮崎県
まっしぐら	青森県
みずかがみ	滋賀県
ミネアサヒ	愛知県
森のくまさん	熊本県
ゆめおばこ	秋田県
夢しずく	佐賀県
夢つくし	福岡県
ゆめぴりか	北海道
ゆめほづみ	石川県
ゆめまつり	群馬県

世界の米の生産量と消費量

生産量		（千t）
1位	中国	144,500
2位	インド	104,800
3位	インドネシア	35,760
4位	バングラデシュ	34,500
5位	ベトナム	28,074
6位	タイ	18,750
7位	ミャンマー	12,600
8位	フィリピン	11,915
9位	ブラジル	8,465
10位	日本	7,816
11位	アメリカ	7,068
12位	パキスタン	6,900

消費量		（千t）
1位	中国	147,500
2位	インド	98,097
3位	インドネシア	38,500
4位	バングラデシュ	35,200
5位	ベトナム	22,100
6位	フィリピン	13,200
7位	タイ	11,700
8位	ミャンマー	10,550
9位	日本	7,966
10位	ブラジル	7,900
11位	ナイジェリア	6,400
12位	韓国	4,450

（平成26年度『食料需給表』より）

小麦

小麦は粉食。小麦の内側（胚乳：可食部）は外側（種皮・糠部）より柔らかいので、製粉工程で可食部が粉末になる。小麦の構造は、米に似ている。

小麦粉の種類と用途

	強力粉	中力粉	薄力粉
タンパク含量(%)	11〜13	9〜11	6〜9
グルテン形成	強い	中間	弱い
用途	パン 中華麺 麩 パスタ* 蕎麦のつなぎ	うどん、そうめん ビスケット 駄菓子 和菓子 餃子の皮	カステラ クッキー 天ぷら たこ焼き お好み焼き

小麦粉の種類は小麦品種（強力：硬質小麦、中力：中間質・軟質小麦、薄力：軟質小麦）で決まる。

＊デュラム小麦を粗挽きしたデュラムセモリナが多く使われる

国産小麦品種

- 北海道
  - 麺　用：きたはなみ、きたもえ
  - パン用：キタノカオリ、ゆめちから、春よ恋
- 東北
  - 麺　用：ネバリゴシ（青森、岩手、秋田、山形）、あおばの恋（宮城）
  - パン用：ゆきちから（岩手、宮城、福島）、ユメシホウ（宮城）
- 北信越
  - 麺　用：ユメセイキ（長野）
  - パン用：ユメアサヒ（長野）

- 関東・東海
  - 麺　用：きぬの波（群馬、茨城、埼玉）、あやひかり（埼玉、三重）、
    イワイノダイチ（栃木、愛知、岐阜、静岡）
  - パン用：ニシノカオリ、ユメシホウ（三重）
  - 醤油・中華麺用：タマイズミ（栃木、岐阜、三重）
- 近畿・中国・四国
  - 麺　用：ふくさやか（滋賀、山口）、ふくほのか（兵庫）
  - パン用：ニシノカオリ（京都、山口）、ミナミノオノカオリ（広島）
- 九州
  - パン用：ニシノカオリ（佐賀、熊本、大分）、ミナミノカオリ
    （福岡、大分、熊本、長崎）
  - 中華麺用：ちくしW2号（福岡）

農水省HPより

世界の小麦の生産量と消費量

生産量		（千t）	消費量		（千t）
1位	EU	156,466	1位	EU	123,500
2位	中国	126,170	2位	中国	118,500
3位	インド	95,850	3位	インド	93,130
4位	ロシア	59,080	4位	ロシア	35,500
5位	アメリカ	55,147	5位	アメリカ	31,530
6位	カナダ	29,420	6位	パキスタン	24,500
7位	パキスタン	25,500	7位	エジプト	19,100
8位	ウクライナ	24,750	8位	イラン	17,500
9位	オーストラリア	23,666	8位	トルコ	17,500
10位	トルコ	15,250	10位	ウクライナ	12,000
⋮			⋮		
36位	日本	852	22位	日本	4,177

（日本のデータ：農水省HP『平成26年度食料需給表』、他の地域：米農務省「PS&D」より）

その他の穀類

穀類の構造は、米や小麦に似ている。

大麦：六条麦（炊飯、味噌・みりん・焼酎の原料）と二条麦（ビールの原料）がある。外皮（殻）を除いて、精白した粒状の胚乳部（内側の白い部分）を使う。押し麦は、蒸気で加熱した後ローラーで圧扁したもの。白麦は精白工程で黒条に沿って二分した切断麦を加熱・圧扁したもの。米粒麦は加熱・圧扁しない白麦。

雑穀：あわ、ひえ、きび、とうもろこし、えん麦（オートミール用）、はと麦、ライ麦、など。

擬穀：蕎麦は擬穀に分類し雑穀とは区別。蕎麦粉は蕎麦の実（玄蕎麦）を挽いて、外皮（黒い殻）を除き、胚・胚乳部を製粉したもの。とくに、胚乳の内側の品質の良い粉を、内層粉、更科粉という。外皮を一緒に全粒を製粉したものを全粒粉という。

凡　例

名称（旬：春・夏・秋・冬・通年）　※注記がないものは、露地ものの旬

和名　　異名　　　　異名の通用地域

〔例〕

あさつき（浅葱）異あさどき（北海道、青森、岩手）、ひる（岩手、山形、福島、新潟、長野）、（青森、秋田、山形）〔旬〕2月〜5月

名称（海水性・淡水性・両方）

産地（漁獲地域）

〔例〕

あまだい異ぐじ（京都・大阪）産本州中部以南

あかあまだい異ぐじ産日本海域

主な種類

野菜・果実

【いも類】

かたくり（片栗）片栗粉は鱗茎部から採ったデンプン。現在の片栗粉はじゃがいもデンプンを原料とするものが主流。

くず（葛）〔旬〕10月〜2月。根から葛粉を製造。菓子類、その他の料理のとろみづけなどに使用。生薬（葛根湯）としても使う。

こんにゃく（蒟蒻）〔旬〕晩秋。群馬、栃木が産地。

さつまいも（薩摩芋、甘藷）〔旬〕9月〜11月に収穫、しばらく寝かせて甘みを引き出した1月〜3月が美味。焼き芋、煮物、菓子類に。ゆっくり加熱すると酵素が働き甘みが増す。〔品種〕安納芋、黄金千貫、種子島紫、紅さつま、紅こがね、鳴門金時など。

さといも（里芋）〔旬〕石川早生：8月、八つ頭：秋〜冬。茹でて

きぬかつぎなどに。

じゃがいも（馬鈴薯）異 にどいも（東北・近畿）、ばれいしょ・ごしょういも（北海道）、じゃがたらいも（関東）、きんかいも（山口）〔旬〕秋。新じゃがは春。

やまいも（山芋）いちょういも、じねんじょ、だいじょ、ながいも、やまといもの総称。

いちょういも（銀杏芋、銀杏薯）異 やまといも（関東）〔旬〕11月～1月。栃木、埼玉、千葉が産地。粘りが強い。

じねんじょ（自然薯）〔旬〕11月～1月。各地の山野に自生。粘りがもっとも強い。蔓にむかごができる。

だいじょ（大薯）〔旬〕11月～12月。九州南部、沖縄が産地。粘りと風味が強い。白と赤紫色の品種がある。かるかん（和菓子）に利用。

つくねいも異 やまといも（関西）、丹波いも（兵庫：黒皮のもの）、伊勢いも（三重：白皮のもの）。〔旬〕10月～3月。奈良、兵庫、三重が産地。粘りが非常に強い。高級料理や薯蕷饅頭の皮など和菓子に利用。

ながいも（長芋、長薯）〔旬〕12月～1月、4月～5月。北海道、青森が産地。家庭にもっとも多く流通している。サクサクした食感で、粘りが少ない。

【豆類】

あずき（小豆）〔旬〕秋（北海道）～初冬（兵庫・京都）。〔品種〕大納言（大粒）、中納言（普通あずき）、しろあずき。あん、和菓子、赤飯などに。

いんげんまめ（隠元豆）〔旬〕6月～9月。煮豆、甘納豆に。

きんときまめ（金時豆）〔品種〕白金時。煮豆、甘納豆に。

うずらまめ〔品種〕甲長うずら類。煮豆、甘納豆に。

えんどう（豌豆）〔旬〕春～初夏。青えんどうは煮豆、甘納豆などに。赤えんどうは蜜豆、落雁に。

ささげ（大角豆）〔旬〕8月～9月。あん、甘納豆、赤飯（あずきの代用）に。

そらまめ（空豆、蚕豆）〔旬〕5月〜6月。収穫後3日間がもっと
　　も美味。乾燥豆としても利用。

だいず（大豆）〔旬〕9月〜11月。油脂、良質のたんぱく質に富
　　む、伝統的な食材。豆腐、凍り豆腐、油揚げ、ゆば、納豆、
　　きな粉、豆乳など、各種たんぱく質性食品に加工。精進料理
　　に必要不可欠。味噌・醤油の原料になる。

　くろまめ（黒豆）〔旬〕10月〜11月〔品種〕中生光黒（北海道）、
　　　丹波黒（兵庫）、紫ずきん（京都）、作州黒（岡山）、玉大黒
　　　（群馬）。煮豆は代表的な正月料理のひとつ。

とちのみ（栃の実）〔旬〕秋。十分にアクぬきをして、もちやせん
　　べいに。

らっかせい（落花生）〔旬〕9月下旬〜10月。ピーナツのこと。

【野菜・きのこ】

あけび（木通、通草）〔旬〕8月下旬〜10月。実は生食可能。果皮
　　や新芽は料理に、根や蔓は生薬としても。

あさつき（浅葱）圉あさどき（北海道・青森・岩手）、ひる（岩
　　手・山形・福島・新潟・長野）、ひろこ（青森・秋田・山形）
　　〔旬〕2月〜5月。

あしたば（明日葉）〔旬〕2月中旬〜5月。八丈島が産地。

あすぱらがす（竜髭菜）〔旬〕5月〜7月。ホワイトアスパラガス
　　は太陽光があたらないよう、遮光して育てる。北海道、長野
　　が産地。

あずきな（小豆菜）圉なんてんはぎ（南天萩）〔旬〕4月〜5月。
　　飛騨高山周辺の山菜。

いたどり（虎杖）圉ごんぱち（南近畿）、すかんぽ。あく抜きして
　　煮物にする。

うこぎ（五加）〔旬〕4月〜5月。山菜。米沢地方（山形）では、
　　食用も兼ねつつ垣根として植えられた。

うど（独活）圉やまくじら（青森）、うんと・おんど・やまうど
　　（山形）、どっか（福島・茨城）、しか・しが（九州）、とうぜ
　　ん・どうせん・どうぜん（長崎）〔旬〕3月〜4月。やまうど

と軟化栽培のうどがある。

うわばみそう（蟒蛇草）異みず（東北）〔旬〕6月〜9月。山菜の
　　一種。若苗を食用に。

えだまめ（枝豆）〔旬〕6月〜9月半〔品種〕だだちゃ豆（山形）、
　　丹波黒大豆枝豆（兵庫）、黒崎茶豆（新潟）、小糸在来（千葉）。
　　大豆のさやが緑色のうちに収穫したもの。

えのきだけ（榎茸）異なめたけ、ゆきのした〔旬〕晩秋から冬。
　　施設栽培は通年。長野が主産地。

おかひじき（陸鹿尾菜）異みるな（水松菜）〔旬〕露地：7月〜8
　　月、ハウス栽培：3月〜6月。東北が産地。若い茎や葉をお浸
　　し、和え物などに。

おくら（秋葵）異おかれんこん〔旬〕7月〜8月。粘りがあり、サ
　　ラダ、和え物など。

かぶ（蕪）異かぶら（西日本）〔旬〕冬場は甘み、春先は柔らかさ
　　が特徴。地域ごとに独特の品種がある（赤かぶ、聖護院かぶ
　　など）。煮物、漬物などに。

かぼちゃ（南瓜）異とうなす（関東）、なんきん（福井、大阪）、
　　ちんくゎー（沖縄）〔旬〕7月〜9月〔品種〕日本かぼちゃ、
　　そうめんかぼちゃ、西洋かぼちゃ。冬至に食べると病気にな
　　らないとの習わし。

からしな（芥子菜）〔旬〕11月〜早春。辛味があり、生食や漬物
　　などに。

かりふらわー（花椰菜）〔旬〕10月〜11月、2月〜3月。

きく（菊）〔旬〕黄菊：初夏〜初秋、紫菊（山形では「もってのほ
　　か」とよぶ）：晩秋。日本の伝統的食用花。酢の物、吸い物、
　　天ぷらに。東北が産地。

きくらげ（木耳）異みみたけ〔旬〕夏〜秋。乾物として市販。

きゃべつ（甘藍）異たまな（東北・新潟・関東）、かいべつ（北海
　　道・秋田）。〔旬〕通年。

きゅうり（胡瓜）〔旬〕6月〜9月。地域ごとに独特の品種がある。

ぎょうじゃにんにく（行者葫）異えぞねぎ〔旬〕4月〜5月。山
　　菜。若い葉、芽と鱗茎を食用。産地は北海道、本州中部以北。

鱗茎は生のまま、味噌をつけてつまみに、またはすりおろして薬味に。

きょうな 圞みずな（京都）、いとな（山口）、うきな（滋賀）、せんぼんな（鹿児島）〔旬〕12月〜3月。お浸し、煮物などに。

くれそん 圞みずがらし（水芥子）、台湾ぜり〔旬〕3月〜5月。独特の香りがある。

くわい（慈姑）〔旬〕11月〜12月。水田で栽培。芽が出た塊茎を食用に。芽が出ている姿が「めでたい」に通じ正月料理に使われる（江戸時代の料理書にも多出）。

こうたけ（香茸、皮茸）圞いのはな、くろきのこ〔旬〕9月〜10月。強い香気。乾物は炊き込みご飯や精進料理に。

こごみ（屈）圞くさそてつ〔旬〕4月〜5月。食用シダのくさそてつの若芽。幼葉をお浸し、天ぷらなどに。

ごぼう（牛蒡）〔旬〕11月〜1月。地域ごとに独特の品種がある。縄文期に渡来、野菜として栽培品種に改良。行事、神饌などに。

こまつな（小松菜）圞うぐいすな〔旬〕11月〜3月。小松川（東京）付近から産出されたことに由来する名称。

さくらしめじ（桜占地）圞あかきのこ、あかもだし〔旬〕9月。吸い物、天ぷら、きのこご飯などに。

さやいんげん（莢隠元）〔旬〕6月〜8月。若い隠元豆をさやごと食用にするもの。

さやえんどう（莢豌豆）圞にどまめ（新潟・宮城）、さんどまめ（新潟）、さんがつまめ（茨城・千葉）、さやぶどう（群馬・栃木）、かきまめ（宮城）、ぶんず（埼玉・千葉）ほか多数。〔旬〕春〜初夏。若いえんどうをさやごと食用にするもの。やわらかく栽培したものを「きぬがさ」という。

さんしょう（山椒）〔旬〕若芽・葉：3月〜5月、花：4月〜6月、青い実：6月〜7月、熟果・種子：8月〜10月。若芽は吸い口、木の芽和え。花山椒は、吸い口、焼物の付け合わせ。青い実山椒は、アク抜きして佃煮（有馬山椒）などに。熟した実（割山椒）は、皮を粉山椒として薬味に。栽培種のブドウザンショウは和歌山が主産地。

しいたけ（椎茸）異なば（宮崎）、ならこけ（新潟）、にらぶき（山形）〔旬〕3月〜5月、9月〜11月、ハウス・施設栽培は通年。形状、収穫時期によって、冬菇、香信、香菇とよぶ。干ししいたけは精進だしに。

しおで（牛尾菜）異ひでこ（秋田）〔旬〕4月〜5月上旬。山菜。山のアスパラガスとも呼ばれる。お浸し、和え物、天ぷらなどに。

ししとう（獅子唐）異青とう〔旬〕初夏〜秋口。

しそ（紫蘇）〔旬〕初夏。穂じそ、芽じそ、花穂じそは刺身のつまに。

あかじそ（赤紫蘇）〔旬〕6月〜7月。梅干しやしば漬に。

あおじそ（青紫蘇）〔旬〕5月〜8月。大葉は青じその葉のこと。

しゅんぎく（春菊）異きくな、さつまぎく、オランダぎく〔旬〕11月〜3月。香りがよい。お浸し、和え物、汁や鍋の具に。

じゅんさい（蓴菜）異めわな〔旬〕5月〜6月。秋田が産地。透明なゼリー状の粘液に包まれている若芽や蕾を食用に。

しょうが（生姜）〔旬〕新生姜：6月〜8月、根生姜：9月〜10月。根以外に葉や茎も食用に。高知が主産地。

はつきしょうが（葉付き生姜）〔旬〕9月、促成栽培：4月〜9月。

しろうり（白瓜）異あさうり、つけうり〔旬〕初夏〜8月、晩成：9月。奈良漬に利用。

ずいき（芋茎）〔旬〕夏〜秋。さといもの葉柄。白ずいき、赤ずいきがある。生と干したものを利用。干しずいきを「芋がら」とよぶ。

すいぜんじな（水前寺菜）異金時草（石川）、式部草（愛知）〔旬〕7月〜9月。熊本水前寺の涌水で栽培したことに由来する名称。

せり（芹）異かわな、ねじろぐさ〔旬〕葉：3月〜4月。春の七草のひとつ。香りが良い。

ぜんまい（薇）〔旬〕平地：3月〜4月、高地：5月〜6月。灰汁で茹でて乾燥保存。高級な山菜で、煮つけや和え物に。

だいこん（大根）異すずしろ、おおね〔旬〕11月〜2月。冬の季

語。地域ごとに独特の品種がある。すずしろは春の七草のひとつ。

たかな（高菜）〔旬〕12月〜3月。漬物に。握り飯を高菜漬で包んだ「めはりずし」は和歌山、三重の郷土料理。

たけのこ（筍）〔旬〕孟宗竹：4月上旬〜5月上旬、淡竹・真竹：6月、四方竹：10月。

ねまがりたけ（根曲がり竹）異ひめだけ〔旬〕5月〜6月。東北の山菜料理に。

たまねぎ（玉葱）〔旬〕本州以南：5月〜6月、北海道：9月〜10月。

たらのめ（楤芽）〔旬〕4月〜6月中旬。高級な山菜。天ぷら、お浸し、和え物などに。

たんぽぽ（蒲公英）異つぐみぐさ〔旬〕春。天ぷら、和え物、料理の彩りなどに。

ちしゃ（萵苣）〔旬〕6月〜9月。サニーレタス、サラダ菜、リーフレタスなどレタス類の総称。長野が主産地。

さにーれたす異あかちりめんちしゃ、レッドレタス〔旬〕6月〜9月。

さらだな〔旬〕5月〜6月、9月〜10月。

れたす異玉ちしゃ〔旬〕7月〜9月。

ちょろぎ（長老喜、草石蚕）〔旬〕12月〜1月。しそ科の多年草の塊茎部。酢漬にして正月料理に。

ちんげんさい（青梗菜）〔旬〕3月〜5月、10月〜11月。

つくし（土筆）〔旬〕3月〜4月。春の季語。すぎな（杉菜）の胞子茎。袴をとり、茹でてアクをとってから調理する。

つけな（漬菜）漬物に適した、小松菜、野沢菜、水菜、広島菜、大阪しろ菜などの総称。

とうがらし（唐辛子）異なんば・なんばん（中部・北陸以北）、鷹の爪（近畿）、とんがらし・からし（四国）、こしょ・こしょう（九州・中国地方）、こーれーぐす・くーすー・くす（沖縄）〔旬〕6月〜9月。

とうがん（冬瓜）異かもうり〔旬〕7月。夏に収穫されるが、冬まで貯蔵がきくことが名前の由来。煮物に。

とうもろこし（玉蜀黍）裏とうきび〔旬〕夏〜秋口。スイートコーンは甘味の強い品種で、未成熟な実はヤングコーンとして調理に。デント、フリント種などは、コーンスターチやとうもろこし粉に、ポップ種は、ポップコーンに加工。

とまと（小金爪、蕃茄）裏あかなす〔旬〕7月〜8月〔品種〕桃太郎、ファースト、ミニトマト。

とんぶり裏ずばし、ねんごう、ほうきんの実〔旬〕10月〜11月。ほうき草の実を乾燥させたもの。畑のキャビアともよばれ秋田の名産。

なす（茄子）裏なすび〔旬〕6月〜10月。丸なす、卵形なす、長なす、米なす、青なす、白なすなど、地域ごとに独特の品種がある。

なのはな（菜の花）裏なばな〔旬〕1月〜4月。種子は菜種油の原料に。

なめこ（滑子）裏なめたけ、なめすぎだけ〔旬〕10月上旬〜初冬。独特のぬめりと歯切れがある。

にがうり（苦瓜）裏ゴーヤ（沖縄）、つるれいし〔旬〕夏。苦味がある。

にら（韮）〔旬〕冬場はハウス栽培、青にら：早春、花にら：晩春〜秋口。生臭み消しとして肉料理に、香味野菜として中華料理などに。

にんじん（人参）〔旬〕三寸人参・五寸人参（オレンジ色西洋人参）：初夏〜秋、金時・国分（濃赤色東洋人参）：秋〜冬。

にんにく（大蒜、葫）〔旬〕6月〜8月。独特の香気。本来和食には使わないが、近年変化が見られる。青森が主産地。

ねぎ（葱）〔旬〕10月〜2月〔品種〕千住合黒、深谷、九条、加賀太、下仁田など。

のざわな（野沢菜）〔旬〕長野：10月下旬〜11月下旬、徳島：冬。漬物は長野特産。

のびる（野蒜）〔旬〕3月〜5月。山野に自生する野草。葉と鱗茎を味噌などと生食に。

はくさい（白菜）〔旬〕11月〜2月。明治に中国から移入、昭和初期に白菜漬物が普及。

ぱせり（葉聖里、早芹菜）〔旬〕3月～5月、9月～11月。

ぴーまん 異甘とうがらし〔旬〕6月～9月。

ひらたけ（平茸）異あわびたけ、かんたけ、しめじ〔旬〕春～秋。
「栽培しめじ」として市販。

ひろしまな（広島菜）異きょうな、ひらぐきな〔旬〕秋～年末。
広島特産。漬物や煮物などに。

ふき（蕗）〔旬〕3月～5月。日本原産。秋田ふきは大型。

ふきのとう（蕗薹）異ばっきゃ（青森・宮城・秋田）、ばっけ
（秋田・岩手）、ばんけ・ふきのじょう（山形）、まかよ（北
海道）〔旬〕2月～3月。春の味覚。

ぶろっこりー（芽花椰菜）〔旬〕冬～春。

へちま（糸瓜）異いとうり〔旬〕7月～9月。未熟果を食用。果実
を腐らせ乾燥させて、たわしにも利用。

ほうれんそう（菠薐草）〔旬〕11月～1月。緑黄食野菜の代表。

ほんしめじ（本占地）異しめじ、だいこくしめじ、ねずみしめじ、
かぶしめじ〔旬〕10月～11月。「匂い松茸、味しめじ」とい
われ美味なきのこの代表。

まいたけ（舞茸）異くろふ、くろぶき、めたけ〔旬〕9月～11月。
きりたんぽ鍋（秋田）に欠かせない。

またたび（木天蓼）異なつうめ〔旬〕新芽・若葉：5月～6月、花：
5月～7月、果実：8月～10月。新芽は天ぷら、果実は塩漬、
味噌漬、果実油に。漢方薬にも使用。

まつたけ（松茸）異さまつ、つがだけ〔旬〕9月～11月。きのこ
の王様。

みつば（三葉）〔旬〕天然物：3月～6月、糸みつば：年中（ハウ
ス栽培）、根みつば：3月～4月、切りみつば12月～1月。香
りがよい。

みぶな（壬生菜）〔旬〕冬～春。壬生（京都）で栽培されたことに
由来する名前。

みょうが（茗荷）〔旬〕夏みょうが：6月～7月、秋みょうが：9
月。独特の風味がある。刻んで生食、天ぷら、酢漬、吸い口
などに。

むかご （零余子）〔旬〕10月〜11月。長薯や自然薯の蔓に生じる
　　　球芽（肉芽）。むかご飯に。

めきゃべつ 〔旬〕12月〜1月。晩秋の季語。

もやし （萌やし、蘖）豆類などの種子を発芽させた新芽〔品種〕
　　　大豆もやし、緑豆もやし、アルファルファもやし、ブロッコ
　　　リースプラウトなど。

ゆりね （百合根）〔旬〕9月〜2月。鱗茎を食用にし、茶碗蒸し、
　　　羊羹などに。

よもぎ （蓬）〔旬〕3月〜5月。草もちに。

らっきょう （辣韭）〔旬〕5月〜6月。鹿児島、鳥取、宮崎が産地。
　　　酢漬に。

れんこん （蓮根）〔旬〕10月〜2月。茨城、徳島が特産。煮物、炒
　　　め物、酢ばす。からしれんこんは、熊本の郷土料理。

わけぎ （分葱）〔旬〕12月〜4月。ねぎより小型。茹でてぬたに。

わさび （山葵）〔旬〕冬〜春。静岡、長野が特産。

わらび （蕨）〔旬〕4月〜6月。アク抜きして食用に。根茎のでん
　　　ぷん（わらび粉）はわらび餅に。

【果実・種実】

あんず （杏）圏からもも 〔旬〕6月〜7月。青森、長野が主産地。

いちご （苺）〔旬〕12月〜6月（ハウス栽培は早生）〔品種〕あす
　　　かルビー、あまおう、かおり野、古都華、さがほのか、さち
　　　のか、とちおとめ、紅ほっぺ、ゆめのかなど。

いちじく （無花果）夏果：6月〜7月、秋果：8月〜10月。愛知、
　　　和歌山、福岡、大阪が産地。

うめ （梅）〔旬〕古城・白加賀梅：5月、小梅：5月中旬〜6月初
　　　旬、南高梅：6月中旬〜7月初旬。梅干、梅漬などに加工。

えごま （荏胡麻）圏じゅくね、じゅうねん〔旬〕6月〜8月。種子
　　　は油に。

おりーぶ （橄欖）〔旬〕10月〜11月。小豆島（香川）、岡山が産
　　　地。

かき （柿）〔旬〕9月下旬〜11月下旬〔品種〕完全甘柿：富有・次

郎・太秋・松本早生富有・御所、不完全渋柿（渋抜き後出荷）：中谷早生・刀根早生・平核無、完全渋柿：西条・市田など。渋柿は干し柿（あんぽ柿、串柿、つるし柿など）に加工。

かぼす（臭橙）〔旬〕8月〜10月。大分の特産。ゆずの近縁種。吸い口などにも。

かりん（花梨、榠樝）〔旬〕10月〜12月。香りに特徴。果実酒に使用。

きうい（獼猴桃）〔旬〕10月〜11月。愛媛、福岡が産地。

きんかん（金柑）〔旬〕1月〜3月。皮ごと生食、蜜煮などに。

ぎんなん（銀杏）〔旬〕10月〜11月。いちょうの種子。

くり（栗）〔旬〕早生：8月中旬、丹波栗：10月中旬。栗ご飯、渋皮煮、栗きんとん、甘露煮、栗まんじゅうなどに。

くるみ（胡桃）〔旬〕晩秋。菓子材料、和え衣など。くるみゆべしは福島などの郷土菓子。

くわのみ（桑の実）〔旬〕6月〜7月。ジャムなどに利用。

けしのみ（芥子の実）異おうぞくし（罌粟子）。栽培には許可が必要。あんぱん、和菓子などに。

ごま（胡麻）〔旬〕9月〜10月。ごま和え、和え衣、ごま豆腐、ごま油の原料。

さくらんぼ（桜桃）異おうとう〔旬〕5月下旬〜7月上旬〔品種〕香夏錦、高砂、佐藤錦、ナポレオン、レーニア、紅秀峰など。北海道、山形、山梨が主産地。アメリカンチェリーとは異なる。

ざくろ（柘榴）〔旬〕9月〜11月。国内産はきわめて少ない。

すいか（西瓜）〔旬〕7月〜9月。栽培種子の大半は大和西瓜のもの。

すだち（酢橘）〔旬〕8月〜10月。ゆずの近縁種。徳島、佐賀が産地。果皮をすりおろし薬味として、果汁は焼物などに。

すもも（李、酸桃）〔旬〕早生：6月〜7月、晩生：8月〜9月。プルーンのこと。山梨、長野、和歌山が主産地。

だいだい（橙）異サワーオレンジ、ビターオレンジ〔旬〕12月〜2月。冬に橙色になり、冬を過ぎても落果しないため、代々

続くことを願って正月の飾りに。

なし（梨）〔旬〕盛夏〜秋〔品種〕新水、幸水、豊水、長十郎、二十世紀、新高など。

びわ（枇杷）〔旬〕5月〜6月〔品種〕茂木びわ、田中びわなど。

ぶどう（葡萄）〔旬〕9月、温室栽培は5月から〔品種〕甲州、巨峰、甲斐路、デラウエア、マスカット・ベーリーA、ピオーネ、シャインマスカットなど。山梨、長野、山形が主産地。

みかん（蜜柑）〔旬〕温州（早生：9月〜10月、中生：10月〜12月、晩生：12月〜2月、紀州：12月〜1月、清見：2月〜4月、三宝柑：2月〜4月、文旦：9月〜1月、夏みかん：4月〜6月、八朔：3月〜4月、伊予柑：1月〜3月、日向夏：3月〜4月、椪柑：1月〜3月、でこぽん（不知火）：2月〜4月。和歌山、愛媛、静岡が主産地。

めろん（香瓜）〔旬〕マスクメロン：通年（温室）、プリンスメロン：5月、アンデスメロン：6月、アムスメロン：6月〜7月、夕張メロン：6月〜8月。

もも（桃）〔旬〕7月〜8月〔品種〕大久保、白桃、白鳳など。山梨、福島が主産地。

やまもも（山桃）〔旬〕6月〜7月。徳島、高知が産地。

ゆず（柚子）〔旬〕青柚子：8月、黄柚子：11月〜1月。上品な香り。汁物の吸い口、ゆず釜などに。徳島、高知が産地。

りんご（林檎）〔旬〕祝・つがる：8月〜9月、スターキング・千秋・レッドゴールド・紅玉・世界一・ゴールデンデリシャス：10月、陸奥・王林・ふじ・国光：10月下旬〜11月中旬。青森、長野が主産地。

れいし（茘枝）〔圏〕ライチ〔旬〕6月下旬〜7月。鹿児島が主産地。

れもん（檸檬）〔旬〕10月〜12月。広島が主産地。国内産はきわめて少ない。

海藻類

あおさ（石蓴）〔旬〕12月〜4月。アオサ属の総称。緑色。汁物、ふりかけ、佃煮に利用。

あなあおさ（穴石蓴、穴青藻）など。

あおのり（青海苔）〔旬〕冬〜春。アオノリ属の総称。

　うすばあおのり（薄葉青海苔）

　すじあおのり（筋青海苔）あおのりの中でもっとも美味。

あまのり（甘海苔）〔旬〕冬〜春。アマノリ属の総称。一般に海苔
　　として市場に。板海苔、焼き海苔、味付け海苔、佃煮に加工。
　　養殖が一般的。

　あさくさのり（浅草海苔）深紅色。江戸時代、浅草で養殖され
　　たことに由来する名称。各地で養殖。

　くろのり（黒海苔）深紅紫色。

あらめ（荒布）異かじめ、しわあらめ、さがらめ、またかじめ、
　　ちりめんかじめ〔旬〕6月〜8月。汁物、炒め煮、和え物に。

いわのり（岩海苔）〔旬〕12月〜2月。甘海苔の仲間。海苔のう
　　ち、岩場に自生しているものの総称。乾物、佃煮に加工。

　うっぷるいのり（十六島海苔）島根（出雲市十六島地区）産の
　　最高級海苔。

　まるばあまのり（円葉甘海苔）

うみぞうめん（海素麺）〔旬〕晩春〜夏。塩漬、乾物、酢の物、吸
　　い物に。

うみぶどう（海葡萄）異くびれずた（正式名）、沖縄長命草、グリ
　　ーンキャビア〔旬〕秋〜春。生食、酢の物に。沖縄が産地。

えごのり（恵古苔）異いご、えご、えごぐさ、うけうと、おきてん
　　〔旬〕6月〜8月。寒天の副原料となる。練り物、おきゅうと
　　（福岡）に加工。

おごのり（於期苔）異おご、うご、うごのり〔旬〕冬〜春。茹で
　　物（刺身のつまなど）、寒天に使う。

かわのり（川海苔）〔旬〕夏〜秋。淡水産。佃煮、汁物、酢の物、
　　乾物に。

　すいぜんじのり（水前寺苔、寿泉苔）異かわのり〔旬〕6月〜8月。
　　九州の一部で養殖。刺身のつま、酢の物、吸い物、乾物に。

　だいやかわのり（大谷川苔）日光（栃木）特産。

　ふじかわのり（富士川苔）白光の滝（静岡）特産。

きくちがわのり（菊池川苔）福岡特産。

こんぶ（昆布）コンブ科の総称。

えながおにこんぶ〔異〕羅臼こんぶ、鬼こんぶ〔旬〕6月〜10月。だし用に（濃厚な風味、濁る）。

がごめこんぶ（籠目昆布）〔異〕がごめ、がもめ、がも〔旬〕7月〜9月。おぼろ昆布、とろろ昆布、汁物などに。

ながこんぶ（長昆布）〔異〕ぼんめ、めのこ〔旬〕4月〜10月。煮物、汁物、おでん、佃煮、昆布巻などに。

ほそめこんぶ（細目昆布）〔異〕いそこんぶ〔旬〕6月〜10月。とろろ昆布、刻み昆布、煮物、サラダなどに。

まこんぶ（真昆布）〔異〕恵比寿布、広布、本こんぶ、山出しこんぶ〔旬〕7月〜8月。だし、煮物、佃煮、おぼろ昆布、とろろ昆布、塩昆布、酢昆布。

みついしこんぶ（三石昆布）〔異〕日高こんぶ〔旬〕7月〜8月。だし、佃煮、昆布巻、昆布煮、おでん。

りしりこんぶ（利尻昆布）〔異〕まこんぶ〔旬〕7月〜8月。だし（透明で上品な風味）、とろろ昆布、塩昆布、酢昆布などに。

てんぐさ（天草）〔旬〕7月〜9月。テングサ科の総称、狭義にはまくさを指す。寒天、ところてん（心太）に。寒天のように固める材料の海藻として、まくさ、おばくさ、ひらくさ、つのまた、いぎす、えごのりなど。

とさかのり（鶏冠海苔、鶏冠菜）〔旬〕春〜夏。刺身のつま、和え物、酢の物、塩蔵品、天日干しで赤くなったものを「赤とさか」、アルカリ処理で緑になったものを「青とさか」。

はばのり（羽葉苔）中部以南西南諸島にかけて自生。硬い。千葉東部で正月雑煮に。

ひじき（鹿尾菜）〔異〕あらめのいもうと、ひずきも、みちひじき〔旬〕早春。煮物、ご飯物、白和え、がんもどきなどに。

ひとえぐさ（一重草）〔異〕あおさ、あおのり、あーさー（沖縄）〔旬〕2月〜4月。汁物、佃煮などに。

ふのり（布海苔、鹿角菜、海蘿）〔異〕のげのり（千葉）〔旬〕2月〜4月。味噌汁、刺身のつま、サラダなどに。

ほんだわら（馬尾藻）異じんめそう（神馬藻）〔旬〕冬。味噌汁、酢の物、醬油漬などに。

まつも（松藻）異まつぼ（松穂）〔旬〕2月〜4月。汁物、酢の物、焼きまつもなどに。

むかでのり（百足海苔）〔旬〕春〜初夏。味噌汁、刺身のつま、サラダなどに。

もずく（水雲、海雲、海付）異もぞく、もぞこ、そくず、すぬり（沖縄）〔旬〕2月〜3月。酢の物、汁物、天ぷらなどに。

わかめ（若布、和布、石蓴）異あおさ、ささわかめ（千葉）〔旬〕3月〜5月。汁物、煮物、干しわかめ、板わかめ（島根・鳥取）、灰干しわかめ（徳島）、刻みわかめ（山口）、茎わかめの佃煮、めかぶわかめなどに。

魚介類

あいご（藍子）異あい（和歌山、三重）、あえ・しゃく（高知）〔旬〕秋〜冬産黒潮海域（南四国から西南諸島）。磯臭く、棘に毒腺。

あいなめ（相嘗、鮎並）異あぶらこ（北海道）、あぶらめ（関西・東北・新潟・広島、下関・有明海・熊本など広範囲）、ねう（東北）、もみだねうしない（広島）〔旬〕晩春〜夏。

えぞあいなめ（蝦夷鮎並）〔旬〕夏産北海道海域。

あかがい（赤貝）〔旬〕冬〜春産北海道南部から東シナ海の湾岸、養殖も。赤み（血液の呼吸色素）を帯び美味。

あかはた（赤羽太）異あかぎ（伊豆諸島）、あかごう（三重）、あかあこう（九州）〔旬〕夏の終わりから秋口除く通年産黒潮海域（南四国から西南諸島）。はたの仲間。白身魚で煮つけが美味。

あかむつ（赤鯥）異喉黒のどぐろ（日本海沿岸）、めっきん・めきん（島根。小型のものに限る）〔旬〕9月〜3月産日本海域。近年高級魚に。煮物、干物などに。

あかめ（赤目）異まるか、みのうお〔旬〕秋〜春産黒潮海域（南四国から西南諸島）。沿岸魚で河川の河口域や内海にすむ。

あさり（浅蜊、蛤仔）〔旬〕2月〜4月産東京湾域、伊勢湾域。淡水が流れ込む内湾にすむ。養殖（種苗生産）も。酒蒸し、味噌汁、しぐれ煮、炊き込みご飯（東京浅草の郷土料理）などに。

あじ（鰺）産駿河湾域、黒潮海域（南四国から西南諸島）。

まあじ（真鰺）異ひらあじ（関西・広島）、おおあじ（島根）産各地、とくに常陸・房総沖、大分・豊予海峡（「関あじ」はこの海域で捕獲）。

しまあじ（縞鰺）異あぶらかまじ、かつおあじ産南日本海域。あじの中でもっとも美味。

めあじ（目鰺）〔旬〕秋〜初冬産関東以南の太平洋域。

むろあじ（室鰺）異あかぜ、きんむろ、みずむろ〔旬〕夏産伊豆七島域。くさや（干物）、あじ節に加工。

あなご（穴子）〔旬〕6月〜8月産東京湾域、瀬戸内海域。すし種、かば焼きなどに。

まあなご（真穴子）異はかりめ（関東）、めじろ（愛知県県三河湾周辺）、はむ（全国的）〔旬〕7月〜8月産北海道以南から東シナ海。

あまご（天魚、甘子）異あめご（徳島）、あめのうお〔旬〕春〜夏産静岡以南の太平洋、四国（瀬戸内海側）、宮崎の渓流、養殖も。塩焼き、甘露煮。五月鱒は海から遡上するあまごのこと。

あまだい（甘鯛、尼鯛）異ぐじ（京都・大阪）〔旬〕秋〜冬産本州中部以南。京料理で人気。

あかあまだい異ぐじ産日本海域。

しろあまだい異しらかわ〔旬〕秋〜冬産黒潮海域（南四国から西南諸島）。

あゆ（鮎）異こうぎょ、ねんぎょ〔旬〕若鮎・稚鮎：6月、子持ち鮎：8月〜9月産天然：那珂川・琵琶湖・相模川、養殖：愛知・和歌山。串焼き（炉端焼き）や甘露煮、姿煮に。

あゆかけ（鮎掛）異ごり（石川）、がご（福井）、かまきり（高知）〔旬〕夏〜秋産茨城以南の太平洋域、青森以南の日本海域、河

川・汽水域。

あわび（鮑）〔旬〕7月〜9月産北海道南部から九州。細くひも状にして乾燥させたものを熨斗あわびという。祝い事、伊勢神宮の神事などに用いる。あわびの煮貝は山梨名物。

えぞあわび（蝦夷鮑）〔旬〕春〜初夏産三陸沖。

あんこう（鮟鱇）産常陸・房総沖。肉以外の大部分も食用に。あんこう鍋、肝臓（あん肝）は和製フォアグラとも呼ぶ。

いか（烏賊）生食、干物（するめ）、塩辛などに。

あおりいか（障泥烏賊）異みずいか、もいか、ばしょういか産伊勢湾域、日本海域。高価で、刺身用に。

けんさきいか（剣先烏賊）異ごとういか、しろいか〔旬〕4月〜5月産四国・九州・五島列島域。商品価値が高く「一番するめ（剣先するめ）」と呼ばれる。美味で生食にも。

こういか（甲烏賊）異もんごいか〔旬〕12月〜3月産瀬戸内海、九州域。生食が美味。

するめいか（鯣烏賊）異みずいか〔旬〕7月〜9月産北海道域、三陸沖、日本海域。けんさきいかよりも等級の低い「二番するめ（北海するめ）」。美味で生食にも。

ほたるいか（蛍烏賊）異まついか〔旬〕3月〜5月産富山湾など日本海域。蛍光を発する小型のいか。沖漬、酢味噌和え、桜煮などに。

やりいか（槍烏賊）〔旬〕2月〜4月産沖縄以外の日本海域。独特の甘みがあり、するめ（笹するめ）や生食に。

いがい（貽貝）異からすがい〔旬〕冬〜春産北海道南部から九州。

いかなご（玉筋魚）異かなぎ、こうなご産瀬戸内海域。釘煮に（兵庫名産）。

いさき（伊佐幾、鶏魚）異おくせいご（東北）、いせこ（高知）、はんさて（宮崎）〔旬〕6月〜7月産常陸・房総沖。刺身、塩焼き、ムニエルなどに。

いさざ（鈔、細鈈你）〔旬〕秋〜冬産琵琶湖（固有種）。高級魚。いさざ豆や佃煮などに。

いとより（糸撚）異いとよりだい、あかな（鹿児島）、いとひきこ

ぴり（島根）〔旬〕10月〜2月㊥新潟以南の日本海域、鹿島灘以南の太平洋域。鯛に準用され、刺身、照り焼き、味噌漬などに。

いわし（鰯）身がやわらかく小骨が多いため、手開きにする。

　うるめいわし（潤目鰯）〔旬〕初夏、12月〜2月㊥本州以南。丸干しに加工。

　かたくちいわし（片口鰯）〔旬〕夏〜冬㊥常陸・房総沖、日本海域。たたみいわし、煮干し、ごまめに加工。

　しらす（白子）〔旬〕3月〜5月、9月〜10月㊥駿河湾域、伊勢湾域。かたくちいわしの小魚。しらす干しに加工。

　まいわし㊁ななつぼし（関東）、ひらごいわし（日本海沿岸）〔旬〕6月〜10月㊥常陸・房総沖。

いわな（岩魚、嘉魚）㊁いもうお（福井）、きりくち（南近畿）〔旬〕5月〜6月㊥水温の低い河川の上流。サケ科の淡水魚。

うぐい（石斑魚、鯏、鯒）㊁はや、あかはら〔旬〕春〜初夏㊥沖縄を除く全国の河川や湖。コイ科の淡水魚。

うつぼ（鱓）㊁きつね（新潟）、きだこ（神奈川）、なまだ（東京）〔旬〕秋〜冬㊥黒潮海域（南四国から西南諸島）。

うなぎ（鰻）〔旬〕天然：8月〜12月、10月頃産卵のため川を下る「下りうなぎ」が美味㊥養殖：愛知、鹿児島、宮崎。かば焼き（関西は腹開き、関東は背開き）、ひつまぶしは名古屋名産。

うに（海胆、雲丹）㊥北海道域。

　えぞばふんうに（蝦夷馬糞海胆）〔旬〕7月〜8月㊥北海道域。

　きたむらさきうに（北紫海胆）〔旬〕9月〜11月㊥三陸沖。

　ばふんうに（馬糞海胆）〔旬〕3月〜4月㊥北海道含む（北海道：種苗生産）各地。

　むらさきうに（紫海胆)㊥本州中部から九州。

えい（鱝、海鷂魚）〔旬〕6月〜8月㊥東北南部から東シナ海。煮凝りは奈良の正月料理。

えび（海老、蝦）「海老」は歩行する大型えび、「蝦」は海水中を泳ぐ小型えび。

あまえび（甘蝦）異あかえび、なんばんえび、とんがらし〔旬〕
1月〜3月産日本海域。甘味あり、刺身、すし種などに。

いせえび（伊勢海老）異ほんえび、ぐそくえび〔旬〕秋〜冬産
伊勢湾域。えびの王様、祝儀用に珍重。

くるまえび（車蝦）異まえび、ほんえび〔旬〕晩秋〜冬産瀬戸
内海域、養殖：鹿児島、沖縄、熊本。刺身、高級天ぷらに。

さくらえび（桜蝦）〔旬〕1月〜3月、6月〜9月産駿河湾域。生
食、素干し、煮干し、釜揚げなどに。桜色をしている。駿
河湾名物。

さるえび（猿蝦）異かわつ〔旬〕春〜秋産伊勢湾域、瀬戸内海
域。捕獲後赤みが出る。

にしきえび（錦海老）異とらいが産黒潮海域（南四国から西南
諸島）。エビ科でもっとも大きく、味もやや大味。

ほっかいえび（北海蝦）異ほっかいしまえび〔旬〕夏産北海道
域。刺身、塩茹でなどに。

すじえび（茶蝦、筋蝦）異かわえび、もえび〔旬〕6月〜7月産
各地の河川。

しろえび（白蝦）異かわえび〔旬〕4月〜11月産富山湾域。

てながえび（手長蝦）異とらいが〔旬〕夏〜秋産各地の河川。
塩茹で、揚げ物などに。

おいかわ（追河）異はや、やまべ〔旬〕12月〜2月産関東以南の
本州の河川や湖。

おこぜ（鰧、虎魚）異おこじょ（北陸）、おにおこぜ〔旬〕6月〜
8月産房総半島より南、新潟より南の沿岸。白身で可食部は
少ないが美味。

かき（牡蠣）産養殖：三陸沖、瀬戸内海域。岩ガキは夏、天然の
ものは珍重。英名にRのつかない月（5月〜8月）は産卵期な
ので食べない。牡蠣の土手鍋が美味。

かさご（笠子）異めばる（瀬戸内海周辺）、ぼっこ（島根）、がし
ら（九州）〔旬〕12月〜3月。

かじか（鰍、河鹿）異ごり（金沢）、おこぜ（滋賀）、あぶらはぜ
（愛媛）〔旬〕秋〜冬産全国各地の河川。稚魚は河川に留まる

ものと、海に下るものとがある。

かじき （梶木）異かじきまぐろ、さす〔旬〕夏。まぐろとは別種。魚肉ソーセージのつなぎとして用いられるが、刺身、照り焼きにも。

ばしょうかじき （芭蕉梶木）産日本海域。

まかじき （真梶木）産黒潮海域（南四国から西南諸島）。

めかじき （眼梶木）〔旬〕秋～冬産太平洋域。

かつお （鰹）異まんだら（北陸）〔旬〕初かつお：4月～5月、戻りかつお：8月～9月産駿河湾域、黒潮海域（南四国から西南諸島）。しおかつお（潮鰹：西伊豆田子）、たたき（土佐名物）、照り焼きなどに。なまり節、かつお節、缶詰、内臓の塩辛（酒盗）に加工。

そうだがつお （宗田鰹）異めぢか〔旬〕11月～2月。宗田節（かつお節の代用）に加工。

まながつお （鯧、真魚鰹）異まな、ちょうちょ、かつお、まながた〔旬〕11月～12月産南日本から東シナ海。かつおとは別種。瀬戸内海でかつおが獲れないため"かつお"に見立てたことが名前の由来。

かに （蟹）

けがに （毛蟹）異おおくりがに〔旬〕冬～春産北海道域。肉量が多く、美味。

ずわいがに （楚蟹）異まつばがに（山陰）、えちぜんがに（北陸）、雌：せこがに、香箱がに〔旬〕雌：11月～1月、雄：11月～3月産日本海域。刺身、鍋物に。最高級のかに。別種のべにずわいがにの食味は、すわいがにより劣る。

たらばがに （鱈場蟹）〔旬〕4月～5月産北海道域。大型のかに、かに缶詰として最高級品。

はなさきがに （花咲蟹）〔旬〕3月～7月（釧路）、7月～9月（根室）産北海道域。甲、脚に鋭い突起。

わたりがに （渡り蟹）異がざみ〔旬〕雄：6月～7月、雌：11月～1月産東京湾域、瀬戸内海域。塩ゆでして、二杯酢、しょうが酢醤油で。味噌汁やなべ物に（だしが美味）。

かます（魳）<u>異</u>やまとかます、おおかます、おおめかます〔旬〕8月〜10月<u>産</u>関東以南の沿岸。

かめのて（亀の手）<u>異</u>せい、たかのつめ〔旬〕4月〜7月<u>産</u>北海道の南西部以南に分布。岩の隙間に群生。亀の手に似ていることに由来する名称。柄部を味噌汁、和え物に。

かれい（鰈）刺身、煮つけ、焼き魚、フライに。一夜干しなどにも加工。

あかがれい（赤鰈）<u>異</u>みがれい〔旬〕11月〜3月<u>産</u>日本海域。

いしがれい（石鰈）<u>異</u>いしもちがれい〔旬〕7月〜11月<u>産</u>常陸・房総沖。

おひょう（大鮃）カレイ科の魚、カレイ類で最大（2〜3メートル）〔旬〕冬<u>産</u>北海道域。

くろがしらかれい（黒頭鰈）〔旬〕3月〜4月<u>産</u>北海道域。

ほしがれい（星鰈）<u>異</u>たかのは、へいじがれい、やまぶし〔旬〕夏〜冬<u>産</u>太平洋域。美味。養殖の試みも。

まがれい（真鰈）<u>異</u>あかがれい、あかじ、くちぼそ〔旬〕秋〜春<u>産</u>三陸沖。

まこがれい（真子鰈）<u>異</u>あおめ、くちぼそ、しろしたかれい〔旬〕夏<u>産</u>東京湾域、瀬戸内海域。美味なかれいとして人気。

まつかわ（松皮）<u>異</u>やまぶれ、ばかはだ〔旬〕秋〜冬<u>産</u>北海道域、三陸沖。ひらめに次ぐ高級魚。

むしがれい（虫鰈）<u>異</u>あわさ、みずがれい〔旬〕秋〜冬<u>産</u>三陸沖、日本海域。美味。

めいたかれい（目板鰈、目痛鰈）<u>異</u>きんもち、くちぼそ、めだかかれい〔旬〕夏〜冬<u>産</u>瀬戸内海域。煮つけが美味。

かわはぎ（皮剥）<u>異</u>はげ（関西）〔旬〕夏〜秋。さっぱりとした味の白身。刺身、煮つけ、鍋物に。肝も美味。

うまずらはぎ（馬面剥）<u>異</u>うまずら〔旬〕秋〜春。鍋物に。

かんぱち（勘八、間八）<u>異</u>あかはな、ひよ〔旬〕夏〜秋<u>産</u>東北から南の太平洋海域。若魚の頭部に八の字の模様が見えることが名前の由来。ぶりの仲間で高級魚。

きす（鱚）異しろぎす、あかぎす、きぎす、まぎす、〔旬〕5月〜7月産常陸・房総沖。上品な白身。刺身や天ぷらなどに。

にぎす（似鱚）異おきいわし、おきぎす、めぎす〔旬〕5月〜9月産日本海域、駿河・相模湾。きすに似ているのが名前の由来。串刺しにして素焼き干し、煮つけやフライに。

きちじ（吉次、喜知次）異きんきん〔旬〕12月〜2月産北海道域。脂ののった白身。刺身、塩焼きに。ひと塩ものの干物も美味。

きびなご（吉備奈子）異きびいわし、かなぎ、はまご〔旬〕12月〜2月産黒潮海域（南四国から西南諸島）。刺身（鹿児島：酢味噌で）、天ぷら、唐揚げなどに。

ぎんぽ（銀宝）異かみそり、きなり〔旬〕春〜夏産東京湾域。天ぷら、かば焼き風煮つけに。

くえ（九絵）異あら、くえます〔旬〕冬産南日本海域、養殖：和歌山・愛媛・長崎。高級魚。刺身、あらい、鍋などに。長崎、佐賀のあら料理は名物。

くじら（鯨）主に流通しているのは、ミンク鯨、イワシ鯨、ニタリ鯨、ナガス鯨、ツチ鯨、オキゴンドウ、マゴンドウ。内臓や皮を含めくじら全体を食用に。今日では、入手困難で高価。

くらげ（水母、海月）〔旬〕6月〜9月。びぜんくらげ、あかくらげを食用に。

こい（鯉）産天然：小川原湖・利根川・霞ヶ浦、養殖：福島・群馬・宮崎。長命で20年以上生きるものも。毒性のある苦玉を除去して調理。あらい（刺身）、こいこく（味噌煮込み）、丸揚げなどに。儀礼食や式包丁にも。

こち（鯒）異からごち、ほそごち、まごち産新潟、千葉以南海域。白身の高級魚。

めごち（雌鯒、女鯒）〔旬〕冬〜春産静岡、三重。全国各地にめごちとよばれる魚は多種、関東ではネズッポ科の「ねずっぽ」のこと。お惣菜や練り製品に加工。

このしろ（鮗、鰶）〔旬〕このしろ：11月〜12月、しんこ：7月〜8月、こはだ：8月〜9月産東京湾域。出世魚：しんこ→こはだ→なかずみ→このしろ。

さけ（鮭）「さけ」と「ます」の区別は困難。両種ともサケ目サケ科の魚で陸封型（淡水域で生息）の種を除き母川回帰する（「ます」の項も参照）。すじこ（卵巣の塩蔵品）、いくら（卵巣膜を取り除き味付けしたもの）はさけの卵。鮭とば、塩引き鮭（酒びたし）、新巻き鮭などに加工。東日本の年取魚のひとつ。

ぎんざけ（銀鮭）異ぎんます産北太平洋、三陸沖で養殖。

しろざけ（白鮭）異あきあじ、あきさけ〔旬〕9月〜11月。産東北以北の沿岸。一般に"さけ"とよばれるもの。村上（新潟）のさけ料理は多彩。

べにざけ（紅鮭）異べにます産北太平洋。さけの中で肉の色がもっとも濃い。陸封型はひめます。

ますのすけ（鱒之介）異キングサーモン産日本海北部から北太平洋。アメリカで養殖も。

さざえ（栄螺）〔旬〕春〜初夏産伊豆七島域ほか各地。刺身、壺焼きに。

さっぱ（拶双魚）異はらかた、ままかり（魚利）〔旬〕初夏、秋産瀬戸内海域。酢漬はままかり（飯借り）とよばれ岡山の名産。

さば（鯖）〔旬〕夏産常陸・房総沖、駿河湾域、黒潮海域（南四国から西南諸島）、大分・豊予海峡（「関さば」はこの海域で捕獲）。しめさば（関西：きずし）、味噌煮などに。さば寿司（京都、大阪）、柿の葉寿司（奈良）はしめさばを使ったもの。さば節（やや生臭いが濃厚なだしがとれる）に加工。へしこ（糠漬）は福井の名産。

ごまさば（胡麻鯖）異ほしさば、まるさば〔旬〕夏産北海道から南日本各地。まさばより味が劣る。

まさば（真鯖）異さば、ひらさば、ほんさば〔旬〕秋さば：10月〜11月、寒さば：12月〜2月産瀬戸内海域・全国各地、養殖：愛媛・大分・兵庫。味噌煮、しめさば、さば寿司などに。

さめ（鮫）多くは練り物の材料に。アンモニアが生じるため保存性があり、以前は山中に運び刺身として食用に。広島県三次

では、「わにの刺身」とよび郷土食に。ひれを干したフカひれは、中華料理の高級食材。

しろしゅもくざめ（白鐘木鮫）裏わにざめ（新潟）、かせぶか（大阪、九州ほか）、かせわに（北陸・鳥取など）。水産練り製品、フカひれに加工。

ねずみざめ（鼠鮫）裏もろ（栃木）、もうか（宮城）、わに（広島）〔旬〕初夏〜夏。

さより（細魚、針魚）裏かんぬき（東京）、さいより（北陸）、すくび（山陰）〔旬〕秋産東京湾域ほか各地。さっぱりとした上品な白身魚。

さわら（鰆）〔旬〕5月〜6月、寒さわら：11月〜12月産瀬戸内海域。出世魚：さごし→やまぎ→さわら。酒、みりん、醬油同割のたれに漬けた「ゆうあん焼き」、茶そばをはさんだ「信州蒸し」、白味噌に漬けた「西京焼き」など。

さんま（秋刀魚）裏かど（三重）、さいら、さえら（大阪）、だんじょう（新潟）、さいれ、さより（和歌山）〔旬〕秋。秋に産卵のため太平洋海域を南下。目黒のさんまは江戸落語の題材にも。

しいら（鱰）裏まんびき（愛媛・島根）、くまびき（高知）、まんさく（福岡・熊本）〔旬〕7月〜9月産本州中部より南の海域。新鮮なうちに酢漬（沖づくり）に。

しじみ（蜆）味噌汁、佃煮などに。

せたしじみ産琵琶湖瀬田川。大型のしじみ。

やまとしじみ〔旬〕4月〜5月、土用しじみ：夏、寒しじみ：冬産日本海域、宍道湖などの汽水域。

ししゃも（柳葉魚）〔旬〕10月〜1月産北海道域。生干しの塩蔵品に加工。雌の子持ちが人気。

しゃこ（蝦蛄）〔旬〕夏産東京湾域、瀬戸内海域。塩茹でし、そのまま。すし種、酢のものにも。

しらうお（白魚）裏しらす（石川）、しれよ（秋田）、しろいお（富山）〔旬〕2月〜3月産全国の汽水域。いわしやうなぎの稚魚（しらす）とは異なる。

しろうお（素魚）異いさざ（北陸）、しらうお（近畿、四国）、し
　　らうお（全国、混称）〔旬〕2月〜4月産沿岸各地、汽水域
　　（海から川に遡上）。

すずき（鱸）〔旬〕6月〜9月産東京湾域、伊勢湾域。出世魚：せ
　　いご→ふっこ→すずき。脂ののった白身の高級魚。

すっぽん（鼈）〔旬〕秋〜冬産養殖：静岡、大分、長崎。ゼラチ
　　ン質の多いすっぽん鍋は美味。

そい（曹以）産三陸沖、各地。磯臭さはあるが、淡白な食味。

　くろそい（黒曹以）異北海道のたい〔旬〕冬〜春。

　ごまそい（胡麻曹以）異なつばおり〔旬〕秋〜冬。

　しまそい（縞曹以）異きそい、しまはちめ〔旬〕秋〜冬。

たい（鯛）刺身、塩焼き、鯛めしや鯛そうめんなどの郷土料理も
　　多彩。

　いしだい（石鯛）異しまだい、さんばそう〔旬〕6月〜8月産黒
　　　潮海域（南四国から西南諸島）。

　きんめだい（金目鯛）異きんめ〔旬〕12月〜2月産伊豆七島域、
　　　駿河湾域。タイ科の魚ではない。

　くろだい（黒鯛）異ちぬ産伊勢湾域、瀬戸内海域。

　ふえだい（笛鯛）異ほしふえだい〔旬〕春〜夏産黒潮海域（南
　　　四国から西南諸島）。

　まだい（真鯛）異べん（小型）、かすご（中型）、おおだい、ほ
　　　んだい（大型）〔旬〕12月〜3月産瀬戸内海域ほか各地、養
　　　殖も多い。タイ類の代表。

　まとうだい（的鯛、馬頭鯛）異ばとう（山陰）、まとはげ（三
　　　重）、もんつき（熊本）〔旬〕12月〜3月産本州南部の各地。

　めだい（目鯛）異だるま（四国）、せいじゅうろう（三重）〔旬〕
　　　11月〜3月産常陸・房総沖ほか各地。

たいらぎ（平貝、玉珧）異たいらがい〔旬〕冬〜春先。貝柱が美
　　味。すし種の貝柱は、ほたてのものでなく、たいらぎのもの。

たかべ（鰖）異しまうお（熊本）、ほた（鹿児島）〔旬〕夏産本州
　　中部から九州太平洋域。塩焼きによい。

たこ（蛸）茹でて食用、加工用に。

いいだこ（飯蛸）異こもちだこ〔旬〕春（とくに産卵期前の雌）産瀬戸内海、東京湾域。身も卵も美味。

まだこ（真蛸）異あかしだこ〔旬〕6月〜7月産瀬戸内海域。卵巣をかいとうげ（海藤華）という。塩茹でして刺身、酢の物、煮つけ（軟らか煮）などに。

みずだこ（水蛸）異しおだこ、おおだこ、ほっかいだこ〔旬〕11月〜2月産北海道域、福島。最大のたこ。まだこより味が劣る。加工用に多用。

てながだこ（手長蛸）異あしながだこ（福岡）〔旬〕冬〜春産瀬戸内域、日本海域。煮つけや、韓国風料理に。

たちうお（太刀魚）異たち、はくうお、さゆるべ〔旬〕7月〜10月産駿河湾域、瀬戸内域、各地。白銀色で形が太刀に似ているのが名前の由来。

だつ（駄津）異すず〔旬〕冬〜初夏産日本各地。

たにし（田螺）異つぶ、たつぶ〔旬〕4月〜5月。水田に生息、農薬の使用により激減。

たら（鱈）異大口魚

すけとうだら（介党鱈、鯳）異きだら（富山）、すけそ（宮城）、すけとう（青森・鳥取）産北海道域。すり身にして練り物などに、卵巣はたらこや明太子に加工。

まだら（真鱈）異あかはだ（山陰）、ひげだら（神奈川）産北海道域。肝油は薬などに。身と白子は鍋物。乾物である棒鱈は関西の正月料理に。

つぶ（螺）異たけのこつぶ。エゾバイ科の総称産北海道域。磯の香りがして美味。毒物（テトラミン）を含む唾液腺は除去すること。

ねじぼら（捩子法螺）異つぶ〔旬〕冬産銚子以北、太平洋沿岸。

えぞぼら（蝦夷法螺）異まつぶ〔旬〕春産北海道域。

とげかじか（棘鰍）異もかじか、やりかじか、なべこわし〔旬〕冬産北海道域。鍋物に。空の鍋を壊すほどのおいしさに「なべこわし」とも。

とこぶし（床伏）異ながれこ。あわびに似ている（小型）。

どじょう（泥鰌）異あじめ（長崎）、おどりこ（東京）、じょしょ（和歌山）〔旬〕春〜初夏産北海道南部から九州、養殖：大分。鍋料理（柳川鍋）に。

とびうお（飛魚）異あご（山陰・九州）、とんび（富山）、たちうお（富山）産伊豆七島域、黒潮海域（南四国から西南諸島）。焼いて天日干しにしたものを「あごだし」に。

とりがい（鳥貝）〔旬〕春と秋産北海道を除く各地、舞鶴湾・若狭湾で養殖。すし種に。

どんこ（鈍甲）異ぐずぼ、しんぎぼ、のどくさり、ひげだら〔旬〕春〜初夏産新潟以西の各地。肝が美味。

なまこ（海鼠）〔旬〕初冬。内臓はこのわたに加工。乾燥させたものは「いりこ（煎海鼠）」として儀礼食に。

なまず（鯰）異かわっこ、ちんころ〔旬〕春〜夏。淡白な白身。かば焼き、なまず鍋、煮つけに。

にしん（鰊）異かどいわし、ばかいわし〔旬〕春（産卵期）産北海道域。魚卵は数の子に加工。身欠きにしんは「にしんそば」（京名物）に。

のろげんげ（野呂玄華）異げら（京都）、どき（富山）、ぶる（秋田）〔旬〕秋〜冬産日本海域。ゼラチン質でぬるぬるした底魚。

ばい（蛽）異ばい貝〔旬〕春〜初夏産北海道以南の日本海域。甘味もあり美味。刺身、煮物などに。

ばかがい（馬鹿貝、破家貝）異あおやぎ〔旬〕春。むき身ですし種に。サラダやかき揚げにも。

はす（鰘）〔旬〕初夏産滋賀。河川、湖沼に生息。

はぜ（鯊）異まはぜ、むつごろう〔旬〕秋〜冬産各地の淡水・汽水域、浅い海水域に生息。有明海の干潟のむつごろうは有名。

はた（羽太）異まはた、あら、くえ〔旬〕春〜夏産西日本海域。鍋物の高級魚。

はたはた（鰰）異かみなりうお〔旬〕12月〜2月産日本海域。秋田の県魚。しょっつるに加工。

はまぐり（蛤）〔旬〕12月〜3月産大分、熊本、鹿島灘。ひな祭り

の吸い物に。平安時代の貝合せの材料。

はも（鱧）異うにはも（福井）、はもうなぎ（鹿児島）〔旬〕6月
〜7月産瀬戸内海域。関西の夏祭の定番料理。下処理に骨切
り技術が必要。

ひいらぎ（鮗、柊）異ひいらげ（有明海）、にいらぎ（和歌山・愛
媛）、にろぎ（高知）、えのは（静岡、鳥取）、ねこごろし（静
岡）〔旬〕3月〜4月。小骨が多く焼いて酢漬に。

ひらまさ（平政）異ひらす（大阪・九州）、ひらぶり（三重）〔旬〕
4月〜8月産青森から九州。ぶりに似た高級魚。

ひらめ（鮃）異おおぐちかれい、おおぐち、めびあ〔旬〕晩秋〜
真冬産常陸・房総沖・東京湾域・日本海域、養殖：大分・愛
媛・三重。刺身、すし種、酢の物、昆布じめに。

したびらめ（舌平目）異うしのした〔旬〕5月〜9月。じつはか
れいの仲間。フランス料理でムニエルに。

ふぐ（河豚）産伊勢湾域、瀬戸内海域。食用魚の種類が多い。肝
臓、卵巣に猛毒のテトロドトキシンを含む。皮や白子（精巣）
に含むものも。さばくには免許が必要。てっさ（刺身）、鍋
物、から揚げなどに。

からすふぐ（烏河豚）異くろ、からす〔旬〕冬。とらふぐの代
用。

しろさばふぐ（白鯖河豚）〔旬〕秋〜春。無毒（どくさばふぐは
猛毒）。干物に加工。

とらふぐ（虎河豚）異ふく（山口・福岡ほか）、がんば（有明海
沿岸）、てっぽう（大阪：あたって死ぬに由来）、きたまく
ら（高知）、とみ（富籤にあたるにちなんで）〔旬〕寒中（秋
の彼岸から春の彼岸まで）産西九州から東シナ海、養殖：
長崎・熊本・愛媛。美味で最高級のふぐ。

ぶだい（部鯛）異いがみ（関西）、もはん（熊本）〔旬〕冬産伊豆
七島域、南日本沿岸。

ふな（鮒）産天然：利根川・琵琶湖・信濃川、養殖：長野。

ぎんぶな（銀鮒）異ひらわ（びわ湖）、まぶな、しぶな〔旬〕冬
〜春。あらい、ふな飯、ふなこく。

げんごろうぶな （源五郎鮒）異まぶな（びわ湖）、へらぶな（関東）、〔旬〕冬（寒ぶな）。ふなずしに加工。

にごろぶな （煮頃鮒、似五郎鮒）異かんぞ（びわ湖）、まるぶな〔旬〕冬〜春。ふなずしに加工。

ぶり （鰤）異あお（東北）、はなじろ（九州）〔旬〕いなだ・はまち：6月〜10月、ぶり：1月〜2月産駿河湾域・日本海域、養殖：愛媛・鹿児島・長崎。出世魚で、関東では、わかし→わかな→わかなご→いなだ→ぶり、関西では、つばす→はまち→めじろ→ぶり。脂ののった冬の「寒ぶり」がもっとも美味。刺身、すし種、照り焼き、煮つけ、かぶら寿司（石川）などに。ぶり大根は富山の郷土料理だが全国に普及。

べら （倍良）異きゅうせん、あかべら（雄）、あおべら（雌）〔旬〕夏産黒潮海域（南四国から西南諸島）。白身で肉質は柔らかい。煮物、南蛮漬に。

ほうぼう （魴鮄・竹麦魚）異きみ、かながしら〔旬〕12月〜8月産北海道南部以南、九州、沖縄。淡白で上品な味。

ほたてがい （帆立貝、海扇）異あきたがい〔旬〕5月〜7月、11月〜12月産北海道域、三陸沖。主に貝柱を食用に。乾燥品は干し貝柱として普及。

ほっけ （䰧）異ほっき〔旬〕秋〜冬産北海道域。北海道の味といわれる魚。刺身、開き干しに。

ほや （海鞘、老海鼠）〔旬〕7月〜8月産三陸沖。外皮を取り除いた筋肉を生食。独特の香り。筋肉、内臓を酢の物に。

ぼら （鰡、鯔）異いせごい、なよし〔旬〕冬産北海道以南。出世魚で、おぼこ→いなっこ→すばしり→いな→ぼら→とど（"これ以上大きくならない"「とどのつまり」の語源）の順に名前が変わる。卵巣はからすみに加工。

まぐろ （鮪）産三陸沖、駿河湾域、黒潮海域（南四国から西南諸島）。江戸時代後期に、下魚だったまぐろが刺身やすし種として使用され、評価が高まった。すし屋で「づけ」は背肉（赤肉）、「トロ」は腹肉（脂肉）、「なかおち」は骨の間の肉。ねぎとろや角煮などに。

くろまぐろ（黒鮪）圐ほんまぐろ、まぐろ、よこわ（幼魚）圉北海道域・日本海域・青森県（大間）、養殖：和歌山・長崎・鹿児島。まぐろの中の最高級魚。

きはだ（黄肌、黄鰭）圐いとしび（和歌山・高知）、げすなが（静岡）、しび（関西）、きわだ（東京）〔旬〕夏。肉色は桃色。

めばちまぐろ（目撥鮪）圐めじ（神奈川・静岡）、よこ（高知）、よこわ（関西・北九州）〔旬〕晩秋〜冬。肉色は鮮紅色。くろまぐろ、みなみまぐろに次いで市場価値は高い。

みなみまぐろ（南鮪）圐インドまぐろ〔旬〕夏。すし種として高級魚。

びんながまぐろ（鬢長鮪）圐かんたろう（三重）、とんぼ（関西）、びんちょう（関東）〔旬〕冬。肉色は淡桃色。シーチキン（缶詰）に加工。

ます（鱒）さけと同じサケ目サケ科の魚。陸封型は淡水で、降海型は海水域で生息。

からふとます（樺太鱒）圐せっぱりん、らくだます圉北日本から北太平洋。小型のさけ。

さくらます（桜鱒）圐ほんます、ます、まます圉日本海、三陸沖。ますの中でもっとも美味。鱒ずし（富山名物）に。

さつきます（五月鱒）圐ほんます圉神奈川以西の太平洋、瀬戸内海。あまごの降海型。

にじます（虹鱒）圉養殖：愛知、長野、山梨、滋賀（醒ヶ井）など、全国各地。

ひめます（姫鱒）圉十和田湖、中禅寺湖、猪苗代湖など。べにざけの陸封型。

びわます（琵琶鱒）圉琵琶湖など。

まてがい（馬蛤貝）圐かみそり、たつのつめ〔旬〕冬〜春圉各地の湾の干潟。塩焼き、酢味噌和えに。

まんぼう（翻車魚）圐うきき（東北）、くいざめ（北陸）。白身魚。刺身の湯引きや酢味噌和えなどに。宮城、千葉、静岡、高知などで地元料理がある。

みるがい （海松貝） 異みるくい 〔旬〕春 産瀬戸内、三河湾、東京湾。高級なすし種。

むつ （鯥） 異からす、めばり、ろくのうお 〔旬〕秋〜冬 産伊豆七島域、南日本全体。練り製品に加工。

むらさきいがい （紫胎貝） 異ムール貝 〔旬〕冬〜春 産養殖：宮城、愛知。ヨーロッパからの輸入も多い。

めじな （眼示奈） 異ぐれ、くろだい 〔旬〕冬 産黒潮海域。磯臭さが残る。刺身、煮物、焼物などに。

めばる （眼張） 異てんこ、はつめ、めまる、わいな 産瀬戸内海域。美味な白身魚。

めぬけ （目抜） 〔旬〕冬 産本州、四国。白身でくせがない高級魚。

もろこ （諸子）

　ほんもろこ （本諸子） 異やなぎもろこ 〔旬〕冬〜春 産天然：琵琶湖、養殖：埼玉・千葉・鳥取。甘露煮、佃煮、魚田（魚の田楽）、味噌焼き、なれ鮨に。

やまめ （山女） 異やまべ （北海道、東北）、えのは （九州） 〔旬〕春〜夏 産北海道から九州の河川。さくらますの河川生活型（陸封型）。渓流の女王とよばれ、美味。

わかさぎ （公魚、鯘） 異あまさぎ、いろいお 〔旬〕1月〜3月 産小川原湖、琵琶湖、霞ヶ浦。丸のまま天ぷらやフライ、南蛮漬などに。

肉

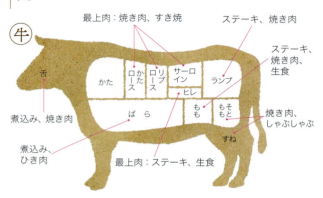

牛

主な和牛

びらとり和牛（北海道）、十和田湖和牛（青森）、前沢牛（岩手）、羽後牛（秋田）、山形牛、米沢牛（山形）、仙台牛（宮城）、福島牛（福島）、常陸牛（茨城）、紅の牛（栃木）、上州和牛（群馬）、林牛（千葉）、葉山牛（神奈川）、村上牛（新潟）、能登牛（石川）、信州牛（長野）、飛騨牛（岐阜）、松阪牛（三重）、近江牛（滋賀）、京の肉（京都）、大和牛（奈良）、熊野牛（和歌山）、但馬牛（兵庫）、皇牛（山口）、阿波牛（徳島）、いしづち牛（愛媛）、佐賀牛（佐賀）、宮崎牛（宮崎）、鹿児島黒牛（鹿児島）、石垣牛（沖縄）

内臓
舌（タン）、肝臓（レバー）、腎臓（まめ）、心臓（ハツ）、子宮（こぶくろ）、腱（すじ）、第一胃（みの）、第二胃（はちのす）、第三胃（せんまい）、第四胃（あかせんまい）、小腸（ひも）、大腸（しまちょう）、直腸（てっぽう）、尾（テール）

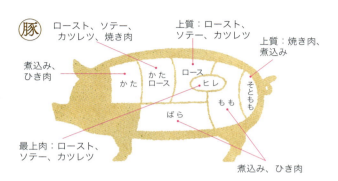

(了) 主な豚

十勝黒豚（北海道）、津軽愛情ポーク（青森）、八幡平ポークあい（岩手）、十和田湖高原ポーク桃豚（秋田）、庄内豚（山形）、宮城野ポーク（宮崎）、麓山高原豚（福島）、とちぎゆめポーク（栃木）、ローズポーク（茨城）、彩の国黒豚（埼玉）、房総ポークC（千葉）、東京X豚（東京）、やまゆりポーク（神奈川）、黒部名水ポーク（富山）、能登豚（石川）、ふくいポーク（福井）、ヤマトポーク（奈良）、島根ポーク（島根）、ふれ愛・媛ポーク（愛媛）、糸島玄海ポーク（福岡）、佐賀天山高原豚（佐賀）、大西海SPF豚（長崎）、九重夢ポーク（大分）、りんどう豚（熊本）、黒豚（鹿児島）、あぐー豚（沖縄）

内臓
舌（タン）、肝臓（レバー）、腎臓（まめ）、心臓（ハツ）、子宮（こぶくろ）、胃（ガツ）、小腸（ひも）、大腸、直腸（てっぽう）、豚足、軟骨

㊟ 鶏

(主な地鶏)

新得地鶏（北海道）、青森シャモロック（青森）、南部かしわ（岩手）、比内地鶏（秋田）、山形地鶏（山形）、川俣シャモ（福島）、奥久慈しゃも（茨城）、栃木しゃも（栃木）、上州地鶏（群馬）、房総地鶏（千葉）、東京しゃも（東京）、かながわ鶏（神奈川）、にいがた地鶏（新潟）、信州黄金シャモ（長野）、甲府地どり（山梨）、駿河シャモ（静岡）、名古屋コーチン（愛知）、奥美濃古地鶏（岐阜）、みえ特産鶏（三重）、近江シャモ（滋賀）、京地どり（京都）、大和肉鶏（奈良）、はやま地鶏（和歌山）、ひょうご味どり（兵庫）、鳥取地どりピヨ（鳥取）、長州黒かしわ（山口）、讃岐コーチン（香川）、阿波尾鶏（徳島）、媛っこ地鶏（愛媛）、はかた地どり（福岡）、つしま地どり（長崎）、豊のしゃも（大分）、天草大王（熊本）、みやざき地頭鶏（宮崎）、さつま地鶏（鹿児島）

※地鶏：明治時代までに定着した国内在来種の血液割合が50％以上の鶏のこと。地面で肥育した鶏のことではない。

内臓など
皮、筋胃（砂肝）、輸卵管（たまみち、たまひも）、軟骨

その他の肉

馬：肉の色が赤いことから桜肉と呼ばれる。馬刺し、しゃぶしゃ
　　ぶ、すき焼きなどに。
猪：豚肉に比べて赤みが強く、脂肪分も多い。代表的なしし鍋は
　　ぼたん鍋とも呼ばれる。肉食禁忌の時代に"やまくじら"と称
　　して食べられていた。"いのぶた"は猪と豚の交配種。
鹿：脂肪の少ない赤身肉。味噌煮、もみじ鍋などに。野生の鹿刺
　　しは安全性に要注意。
羊：1歳未満のものをラム、2〜7歳のものをマトンと呼ぶ。
山羊：沖縄料理で刺身、鍋物などがある。
兎：鶏肉に似て淡白な味。煮込み料理、鍋物などに。

その他の家禽肉

肉食禁忌の時代にも、野生のものは食べられていた。かも、きじ、
うずら、あひる、あいがも（"まがも"と"あひる"の交配種）など。

鯨 肉

IWC（国際捕鯨委員会）の規制により、捕獲種と量が制限。市場
に流通しているのは、ミンク鯨、イワシ鯨、ニタリ鯨、ナガス鯨、
ツチ鯨、オキゴンドウ、マゴンドウである。

部位
舌（さえずり）、赤肉（もっとも多い部分）、畝（胸腹部で脂肪に
富み、ベーコンに）、尾肉（霜降り状の尾部の肉）、さらし鯨（尾
羽や皮を塩蔵・切断・熱水処理したもの）

卵 類

鶏卵：ほとんどが国内産であるが、飼料の大半は輸入に依存。ヨード卵、葉酸強化卵、DHA卵などの特殊卵もある。卵料理や菓子類に使われる。

その他の卵：あひる卵、うずら卵、うこっけい卵、ほろほろちょう卵など。

飲用乳

「乳等省令」による種類と成分規格

・牛乳：生乳を加熱殺菌したもの（乳脂肪分3%以上、無脂乳固形分8%以上）。

・成分調整牛乳：生乳から乳脂肪分、水分、ミネラルなどの一部を除去し、成分を調整したもの。低脂肪牛乳（乳脂肪分を0.5%以上1.5%以下にしたもの）と無脂肪牛乳（乳脂肪分を0.5%未満にしたもの）など。

・加工乳：生乳または脱脂粉乳やバターなどの乳製品を原料にしたもの。濃厚ミルクや低脂肪乳（ローファットミルク）など。

・乳飲料：生乳または乳製品を主原料に、乳製品以外のものを加えたもの。カルシウムやビタミンなどを強化したもの、コーヒーや果汁などを加えたもの。

加工食品

塩

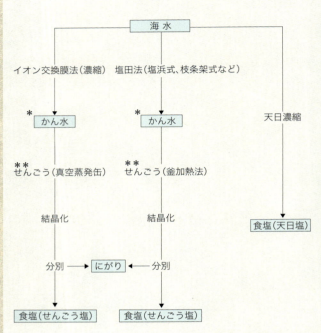

*かん水：濃縮した海水。
**せんごう：加熱濃縮すること。

塩の種類
- 日本の塩：現在、イオン交換膜法による製塩が中心。塩田法（1970年代まで盛ん）は、能登半島など一部の地域で実施。藻塩は海水を海藻にふりかけ、天日で蒸発濃縮し、焼いて水に溶かし煮詰めて結晶化したもの。
- 天日塩：海岸に近い砂漠地帯で製塩（メキシコ、オーストラリアなど）。
- 岩塩：地殻変動で海水が陸に閉じ込められ結晶化したもの（欧米、ヒマラヤ、ブラジルなど）。

砂糖

製法

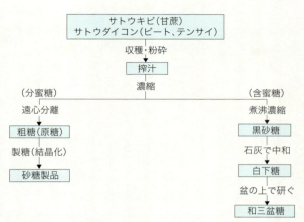

砂糖の種類

1. 分蜜糖（砂糖の主成分の結晶と糖蜜分離したもの）
- 耕地白糖：原料生産地で精製糖にしたもの。
- 上白糖：白砂糖と呼ばれ、日本人にもっとも好まれる。
- グラニュー糖：結晶が上白糖よりもやや大きめ、クセのない上品な味。
- 白双糖：溶けにくく菓子やリキュール作りに使う。
- 氷砂糖：果実酒作りに使う。
- 中双糖：結晶がやや大きめ、煮物などに使う。
- 三温糖：ミネラル灰分に富み黄褐色、コクを出したい煮物や佃煮に使う。
- 粉砂糖：粉状でケーキのデコレーションなどに使う。
- 顆粒状糖：多孔質の顆粒状で、低温でも溶けやすい。

2. 含蜜糖（分離せずにそのまま煮沸濃縮したもの）
- 黒砂糖（黒糖）：サトウキビの搾り汁をそのまま煮詰めたもの。菓子、ソースや煮込み料理に使う。
- 白下糖：白砂糖を作る下地のことで、煮物などにも使われることもある。
- 和三盆糖：四国東部の伝統的製法の砂糖。微量の糖蜜が残っていて風味に富み、高級な和菓子に使う。

食用油

製法

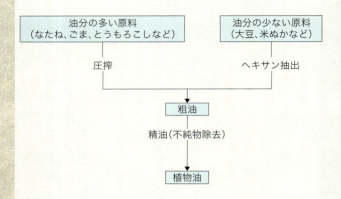

※サラダ油：植物油からさらに不純物を除去し、風味にくせがなく透明で、低温で長時間放置しても濁りの出ない油脂。
※玉絞しぼり：伝統的な搾油法のひとつで、今日の搾油技法の原形。原料を加熱（焙煎）・粉砕後、手桶の容器に入れて、ゆっくり圧力をかけて油を搾る方法で、現代でも、高級焙煎ごま油の製造に用いられている。

油脂の種類
- 米油：米ぬかから抽出したもの。
- コーン油：とうもろこしの胚芽から搾油したもの。
- ごま油：香りと着色に特徴のある「焙煎ごま油」と、生しぼりの色と香りのない「太白油」とがある。
- その他の植物油：ひまわり油、えごま油、ベニバナ油（サフラワー油）、パーム油など。
- 牛脂はヘッド、豚脂はラード。

味噌

* 米、大麦、大豆の使用で、それぞれ、
米味噌、麦味噌、豆味噌。

製法

```
大豆          米 *
  ↓            ↓
蒸す・つぶす    蒸す    ← こうじ菌
              米こうじ
               ↓      ← 食塩
               ↓      ← 種水（乳酸菌・酵母）
             発酵・熟成
              米味噌
```

味噌の種類

- 米味噌：米こうじと大豆
  （色は、白～淡～赤）
- 麦味噌：大麦こうじと大豆
  （色は、淡～赤）
- 豆味噌：大豆こうじのみ
  （色は、赤）
- 合せ味噌（調合味噌）：米味噌、麦味噌または豆味噌を2～3種
  類合わせたもの。あるいは米こうじ、大麦こうじまたは大豆こ
  うじを2種類以上混合して作る味噌。

日本各地の代表的な味噌の特徴

名称	主な産地	主な味噌の特徴
北海道味噌	北海道	赤色中辛味噌
津軽味噌	青森	赤色辛口味噌
仙台味噌	宮城	赤色辛口味噌
秋田味噌	秋田	赤褐色辛口粒味噌
会津味噌	福島	赤色辛口味噌
越後味噌	新潟	越後の浮麹味噌
佐渡味噌	新潟	赤色辛口味噌
加賀味噌	石川	赤色辛口味噌
信州味噌	長野	淡色辛口味噌
江戸甘味噌	東京	濃赤褐色甘味噌
東海豆味噌	愛知・三重・岐阜	暗赤褐色豆味噌、別名：八丁味噌、名古屋味噌
関西白味噌	関西	白色甘味噌
讃岐味噌	香川	白色甘味噌
御膳味噌	徳島	赤色甘口味噌
府中味噌	広島	白色甘味噌
瀬戸内麦味噌	愛媛・山口・広島	淡色甘口麦味噌
九州麦味噌	九州	淡色甘口麦味噌

資料：みそ健康づくり委員会　〔http://miso.or.jp〕

醬油

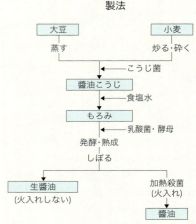

醬油の種類

- こいくち:色、香り、味のバランスが良い(塩分、14.5%)
- うすくち:色、香り、味が控え目、食材の色をいかす(塩分、16%)
- たまり:色香りともに濃厚、大豆のみで製造(塩分、13%)
- しろ:色が薄いが、香りと甘味は強い、大豆をほとんど使わない(塩分、12.4%)
- 再しこみ:味と香りが濃厚、食塩水の代わりに生醬油で製造(塩分、12.4%)
- 魚醬油:魚を粉砕して塩漬けにし、内臓の消化酵素で分解したもの。しょっつる(秋田:ハタハタ)、いしる(能登:いわしなど)、いしり(能登:いか)、いかなご醬油(香川)など。東南アジアのナンプラ(タイ)、ヌクマム(ベトナム)も有名。

※煎り酒:室町末期からある調味料。古酒に削りかつお節、梅干、醬を加えて煮詰めたもの。醬油の普及以前から、さしみ、和え物などの調味料に用いられていた。かつお節を使わない精進煎り酒もある。最近、販売されている。

みりん

製法

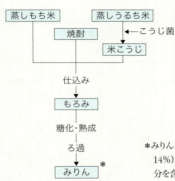

*みりん:「本みりん」のこと(アルコール、約14%)。酒税法の対象となる。アルコール分を含まない非発酵の「みりん風調味料」とは異なる。

酢

製法

米酢の場合

種類
米酢、穀物酢 (小麦、大麦などが原料)、黒酢 (長期熟成)、赤酢 (酒かすを原料、すし用)、麦芽酢 (モルトビネガー)、りんご酢 (果汁が原料)、ワインビネガー (別名:ぶどう酢、ワインが原料)、バルサミコ酢 (ぶどう果汁が原料、長期熟成)

*酒類(清酒、果実酒、ワインなど)のアルコールが酢酸菌で酢酸に変換される。

漬物

漬物の分類

漬物の種類	漬込み材料	主な漬物
塩漬	塩を主としたもの	白菜漬、野沢菜漬
醤油漬	醤油を主としたもの	福神漬、山菜漬
味噌漬	味噌を主としたもの	山菜味噌漬
粕漬	粕を主としたもの	奈良漬、わさび漬
こうじ漬	こうじを主としたもの	べったら漬
酢漬	食酢、梅酢、りんご酢を主としたもの	らっきょう漬、千枚漬
糠漬	ぬかと塩を主としたもの	たくあん漬、白菜ぬか漬
からし漬	からし粉を主としたもの	なすからし漬
もろみ漬	醤油または味噌のもろみを主としたもの	小なすもろみ漬、きゅうりもろみ漬
その他	上記以外の乳酸発酵した漬物	すんき漬、すぐき漬

資料：宮尾茂雄　月刊「食生活」第107巻　カザン2013　p31

主な名産漬物

北海道
赤かぶ千枚漬、にしん漬、紅鮭はさみ漬、松前漬

東北地方
青森：しそ巻梅漬
岩手：金婚漬
宮城：仙台長なす漬
秋田：いぶりがっこ、なた漬

山形：青菜漬、おみ漬、小なすからし漬、晩菊、やたら漬
福島：三五八漬、にしんの山椒漬

関東地方
茨城：納豆漬
栃木：寿司用がり、たまり漬、

　　　　らっきょう漬
群馬：かりかり漬
埼玉：しゃくし菜漬
千葉：いわしのごま漬、小茄
　　　子のこうじ漬、鉄砲漬、
　　　らっきょう甘酢漬
東京：東京沢庵、福神漬、べっ
　　　たら漬
神奈川：梅干、小梅漬、桜の
　　　　花漬
新潟：山海漬、切り干し漬、
　　　味噌漬

中部地方
富山：かぶら寿し
石川：かぶら寿し
福井：花らっきょう漬
山梨：甲州小梅漬
長野：すんき漬、野沢菜漬、
　　　やまごぼう味噌漬、わ
　　　さび漬
岐阜：菊ごぼう漬、品漬、飛
　　　驒赤かぶ漬
静岡：沢庵漬、メロン漬、わ
　　　さび茶漬、わさび漬
愛知：渥美沢庵、守口漬
三重：伊勢沢庵、養肝漬

近畿地方
滋賀：さくら漬、日野菜漬
京都：しば漬、すぐき漬、千
　　　枚漬、菜の花漬
大阪：水なす漬
兵庫：奈良漬

奈良：奈良漬
和歌山：梅干、紀の川漬

中国地方
鳥取：砂丘らっきょう漬
島根：津田かぶ漬
広島：広島菜漬
山口：寒漬

四国地方
香川：そら豆漬
愛媛：緋のかぶ漬
高知：ピーマン漬

九州地方
福岡：貝柱粕漬、海茸粕漬、
　　　高菜漬、床漬（ぬか漬）
佐賀：鯨軟骨粕漬
長崎：寒干漬、唐人菜漬
熊本：阿蘇高菜漬
大分：細切野菜醤油漬
宮崎：生漬沢庵、干し沢庵
鹿児島：桜島大根の粕漬、さ
　　　　つま漬、つぼ漬、山川
　　　　漬
沖縄：島らっきょうの浅漬、
　　　パパイヤ漬

豆腐

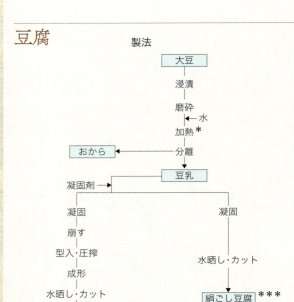

製法

*加熱温度や豆乳濃度は、製品の種類で異なる。
**木綿豆腐は木綿布を敷いて成型。
***絹ごし豆腐は絹のような滑らかな食感(絹布は使わない)。

名産豆腐
つと豆腐(福島)、いぶり豆腐(岐阜)、すぼ豆腐(島根、山口、熊本)、イギス豆腐(愛媛)、菜豆腐(宮崎)、島豆腐(沖縄)

豆腐加工品
- 油揚げ:うす切りの硬め豆腐を油で揚げたもの。定義山三角揚げ(宮城)、三春三角油揚げ(福島)、栃尾油揚げ(新潟)、竹田油揚げ(福井)など、形・大きさ・厚さの異なる名産品も。
- がんもどき(ひろうす):豆腐をつぶしてれんこん、にんじん、しいたけ、昆布、ぎんなんなどを混ぜて油で揚げたもの。
- 凍り豆腐(高野豆腐):豆腐を凍結し脱水・乾燥したもの。

ゆば

製法

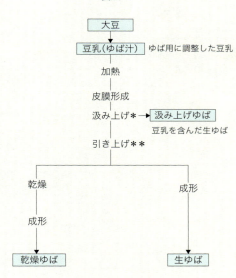

*汲み上げ：最初に形成した皮膜を箸などでつまみ上げる。
**引き上げ：形成したシート状の皮膜を竹串などですくい上げる。

名産ゆば
京ゆば（湯葉）、日光ゆば（湯波）など。

ゆば製品
巻きゆば、茶巾ゆば、東寺ゆば（生ゆばで、しいたけ、ぎんなん、ゆりねなどをつつみ、油で揚げたもの）など。

納豆

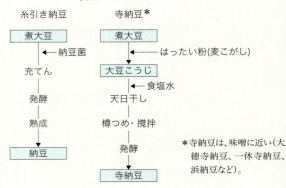

*寺納豆は、味噌に近い（大徳寺納豆、一休寺納豆、浜納豆など）。

麩

*生麩：ヨモギや栗を加えるものもある。
**焼き麩：庄内麩、車麩など。
***油麩：仙台麩など。

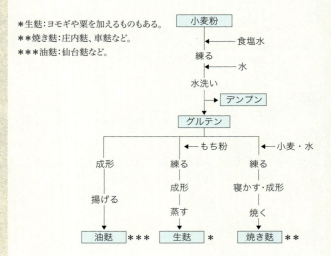

葛粉／わらび粉

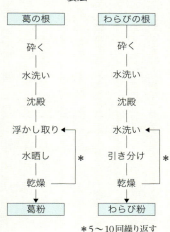

葛粉：和菓子、料理のとろみ付け、ゴマ豆腐などに使用。

わらび粉：わらび餅などに使用。

※純正の粉を使うと、風味や滑らかさがデンプン添加の粉より優れて仕上がる。

こんにゃく

こんにゃく芋の球根を、生のまま、または乾燥した精粉に水を加え練り、石灰乳（アルカリ液）を加えて凝固させ、茹でて仕上げたもの。板こんにゃく、玉こんにゃく、糸こんにゃく（しらたき）、さしみこんにゃく、凍りこんにゃく、赤こんにゃく（べんがらの色）など。

主な水産加工品

乾燥品	素干し	するめ、身欠きにしん、ふかひれ、ほしかれい、たたみいわし
	塩干し	丸干し(いわし、はたはた、ししゃも)、開き干し(あじ、さんま)、くさや
	煮干し	いわし、しらす、えび、貝柱、あわび
	節類	かつお節(なまり節、荒節、裸節、枯れ節)、さば節、宗田節
塩蔵品		魚の塩漬(さけ、さば、さんま)、たらこ、かずのこ、いくら、塩わかめ
	漬物	魚の糠漬(いわし、さばのへしこ)
燻製品		スモークサーモン、燻製いか
練り製品		かまぼこ、ちくわ、さつま揚げ、なると巻、かにかまぼこ、魚肉ソーセージ
その他		缶詰、みりん干し、冷凍品

練り製品

魚肉に食塩を加えてすり潰した「すり身」に、調味料、でんぷん、副材料などを混ぜて成型して加熱(焼く、茹でる、蒸す、揚げる)加工したもの。

- さつま揚げ：油で揚げたもの。別名をてんぷら(関西)、つけ揚げ(鹿児島)。通常のもの以外に白てんぷら(大阪)、じゃこ天(愛媛)など。
- はんぺん：山芋を加えてふんわり白色に茹でて仕上げたもの。黒はんぺん(静岡)など。
- 蒸しかまぼこ：板にのせて蒸したものが多い。小田原かまぼこ(神奈川)が代表、蒸し焼きかまぼこ(大阪)も。板なしのものに、簀巻きかまぼこ(各地)、なると(関東)、昆布巻きかまぼこ(富山)、飾りかまぼこ(富山)、沖縄かまぼこ(沖縄)など。
- 焼きかまぼこ：板にのせて焼いたものが多い。焼き板かまぼこ(関西)、みりん焼きかまぼこ(福井)、白焼きかまぼこ(山口)など。板なしのものに、笹かまぼこ(宮城)、梅焼き(大阪)、なんば焼き(和歌山)、厚焼き(関西)、伊達巻き(各地)など。
- ちくわ：棒に巻きつけて焼いたものが多い。豊橋ちくわ(愛知)、あご野焼き(島根)、竹ちくわ(徳島)、いわしちくわ(京都)、長崎ちくわ(長崎)など。蒸したものもある。

乳製品

製法

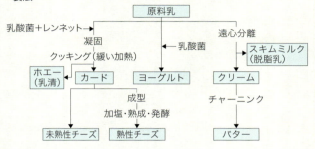

チーズの種類

チーズ(cheese)は英語圏と日本の呼び方。フランス(フロマージュ：fromage)、イタリア(フォルマジョ：formaggio)、ドイツ(ケーゼ：käse)、スペイン(ケソ：queso)、ロシア(セール：Cblp)、インド(パニール：panir)など。形を作るという意味。

- 未成熟チーズ(フレッシュチーズ、発酵・熟成させない)
  カッテージチーズ、クリームチーズ、マスカルポーネ、モッツァレラなど
- 熟成チーズ (ナチュラルチーズ、かびや細菌で発酵・熟成)
  軟質チーズ：カマンベール、ブリー・ド・モーなど
  半硬質チーズ：ロックフォール、スティルトン、ゴルゴンゾーラ、ゴーダなど
  硬質チーズ：エメンタール、ラクレット、チェダー、エダムなど
  超硬質チーズ：パルミジャーノ・レッジャーノ
- プロセスチーズ(1～数種類のナチュラルチーズを混合し加熱殺菌して熟成を止めたもの)

バターの種類

- 発酵バター：原料乳を乳酸発酵させて製造したもので、特有の風味がある。食塩を添加した有塩バターと無添加の無塩バターがある。
- 非発酵バター：原料乳からそのまま製造したもの。食塩を添加した有塩バターと無添加の無塩バターがある。日本では、「非発酵・有塩バター」の使用が多い。

日本酒

米を原料にこうじ菌、酵母で発酵させた醸造酒。清酒ともいう。「日本酒」と表記できるのは国産清酒に限る。

製法

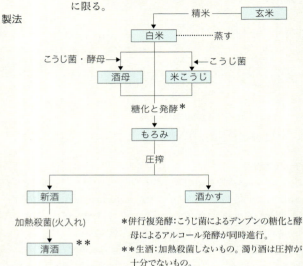

*併行複発酵：こうじ菌によるデンプンの糖化と酵母によるアルコール発酵が同時進行。

**生酒：加熱殺菌しないもの。濁り酒は圧搾が十分でないもの。

日本酒の分類（「酒税法」による）

特定名称	使用原料	精米歩合	こうじ米使用割合	香味等の要件
吟醸酒	米、米こうじ、醸造アルコール	60%以下	15%以上	吟醸造り、固有の香味、色沢が良好
大吟醸酒	米、米こうじ、醸造アルコール	50%以下	15%以上	吟醸造り、固有の香味、色沢が特に良好
純米酒	米、米こうじ	規程なし	15%以上	香味、色沢が良好
純米大吟醸酒	米、米こうじ	50%以下	15%以上	吟醸造り、固有の香味、色沢が特に良好
特別純米酒	米、米こうじ	60%以下または特別な製造方法（要説明表示）※	15%以上	香味、色沢が特に良好
本醸造酒	米、米こうじ、醸造アルコール	70%以下	15%以上	香味、色沢が良好
特別本醸造酒	米、米こうじ、醸造アルコール	60%以下または特別な製造方法（要説明表示）※	15%以上	香味、色沢が特に良好

※名称に「特別」とつくものは、どう特別なのか表示する義務がある。特別な方法で作っているならば、その方法をラベルに記載する必要がある。

飲用温度の表現	飛切燗 (とびきりかん)	55℃前後
	熱燗 (あつかん)	50℃前後
	上燗 (じょうかん)	45℃前後
	ぬる燗	40℃前後
	人肌燗 (ひとはだかん)	35℃前後
	日向燗 (ひなたかん)	30℃前後
	冷や (ひ) ＊	20 〜 25℃前後
	涼冷え (すずびえ)	15℃前後
	花冷え (はなびえ)	10℃前後
	雪冷え (ゆきびえ)	5℃前後

＊冷や酒は室温の酒のこと、加熱した燗酒 (かんざけ) に対比した用語。

用語

- 精米歩合 (せいまいぶあい)：白米の玄米からの精米割合、精米歩合60％は玄米の表層部を40％削り取ること。
- 醸造アルコール：糖質から醸造されたアルコール。
- 吟醸造り：低温でゆっくり発酵させ、かすの割合を高くして芳香（吟醸香）を有するように醸造すること。
- 生一本 (き いっぽん)：ひとつの製造場だけで醸造した純米酒。
- 日本酒度：辛さを表す指標のひとつ。数値が高いほど辛く、低いほど甘い。大辛口（+6.0以上）、辛口（+3.5〜+5.9）やや辛口（+1.5〜+3.4）、普通（+1.4〜-1.4）やや甘口（-1.5〜-3.4）、甘口（-3.5〜-5.9）、大甘口（-6.0以下）

日本酒の銘柄

北海道	男山 (おとこやま)　國稀 (くにまれ)　国士無双 (こくしむそう)　雪氷室一夜雫 (ゆきひむろいちやしずく)
青森	善知鳥 (うとう)　喜久泉 (きくいずみ)　田酒 (でんしゅ)　豊盃 (ほうはい)　陸奥八仙 (むつはっせん)
岩手	あさ開 (びらき)　月の輪 (つき)　南部美人 (なんぶびじん)　浜千鳥 (はまちどり)　廣喜 (ひろき)　鷲の尾 (わしのお)
秋田	天の戸 (あまのと)　新政 (あらまさ)　一白水成 (いっぱくすいせい)　刈穂 (かりほ)　白瀑 (しらたき)　太平山 (たいへいざん) 高清水 (たかしみず)　飛良泉 (ひらいずみ)　まんさくの花　雪の茅舎 (ゆきのぼうしゃ)　爛漫 (らんまん)
宮城	阿部勘 (あべかん)　一ノ蔵 (いちのくら)　浦霞 (うらかすみ)　栗駒山 (くりこまやま)　乾坤一 (けんこんいち)　澤乃泉 (さわのいずみ) すず音 (ね)　墨廼江 (すみのえ)　萩の鶴 (はぎのつる)　伯楽星 (はくらくせい)　日高見 (ひだかみ)
山形	雅山流 (がざんりゅう)　くどき上手 (じょうず)　十四代 (じゅうよんだい)　上喜元 (じょうきげん)

神通の雫　楯野川　出羽桜　東光　東北泉　初孫

福島　会津中将　会津ほまれ　会津娘　奥の松　國権
写楽　大七　谷乃越　天明　奈良萬　飛露喜

栃木　開華　四季桜　姿　仙禽　大那　天鷹　鳳凰美田
北冠　松の寿

群馬　尾瀬の雪どけ　群馬泉　町田酒造　水芭蕉

茨城　菊盛　郷乃誉　武勇　来福　渡舟

埼玉　鏡山　神亀　天覧山　花陽浴　ひこ孫　琵琶のさゝ浪

千葉　腰古井　五人娘　不動

東京　屋守　澤乃井

神奈川　いづみ橋　相模灘　残草蓬莱　丹沢山

山梨　笹一　七賢　春鶯囀　青煌　谷桜

新潟　朝日山　菊水　清泉　久保田　越乃景虎
越乃寒梅　〆張鶴　上善如水　雪中梅
八海山　鄙願　緑川　吉乃川

長野　渓流　佐久乃花　十九　翠露　大信州　大雪渓
真澄　明鏡止水　夜明け前

富山　勝駒　銀盤　銀嶺立山　三笑楽　成政　羽根屋
北洋　満寿泉　幻の瀧　若鶴

石川　池月　加賀鳶　菊姫　常きげん　宗玄　手取川
天狗舞　福正宗　萬歳楽　遊穂

福井　黒龍　白岳仙　花垣　早瀬浦　梵

静岡　磯自慢　おんな泣かせ　開運　臥龍梅　喜久酔
正雪　高砂　初亀　花の舞

岐阜　久寿玉　小左衛門　蓬莱　三千盛　醴泉

愛知　奥　醸し人九平次　義侠　清洲桜　國盛　長珍
ねのひ　蓬莱泉

三重　作　而今　三重錦

滋賀　笑四季　七本槍　大治郎　不老泉　松の司

京都　英勲　黄桜　月桂冠　澤屋まつもと　松竹梅
蒼空　玉川　玉乃光　月の桂

奈良　梅乃宿　風の森　菊司　篠峯　春鹿　三諸杉　小角

大阪　秋鹿　呉春

兵庫　大関　奥播磨　菊正宗　金鹿　剣菱　小鼓

	沢の鶴　白雪　龍力　竹泉　日本盛　白鹿　白鶴　播州一献　富久錦
和歌山	紀土　車坂　黒牛　龍神丸
岡山	嘉美心　御前酒　酒一筋
広島	雨後の月　賀茂鶴　亀齢　酔心　誠鏡　千福　竹鶴　白牡丹　富久長　宝剣　宝寿　幻　龍勢
鳥取	山陰東郷　諏訪泉　鷹勇　千代むすび　日置桜　弁天娘
島根	出雲富士　王祿　開春　月山　李白　ヤマサン正宗
山口	雁木　五橋　貴　獺祭　東洋美人
香川	川鶴　悦凱陣
愛媛	石鎚　梅錦　賀儀屋
徳島	旭若松　三芳菊
高知	亀泉　酔鯨　司牡丹　土佐鶴　美丈夫　南
福岡	繁桝　田中六五　庭のうぐいす　三井の寿
佐賀	東一　天吹　七田　鍋島
長崎	横山五十　六十餘洲
大分	鷹来屋　西の関　智恵美人
熊本	香露　美少年　れいざん
宮崎	綾錦　千徳
鹿児島	薩州正宗
沖縄	黎明

甘酒

名前は「甘酒」であるが、アルコール分を含まないので、酒類ではない。

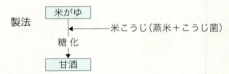

製法　米がゆ ←米こうじ(蒸米＋こうじ菌)　糖化　甘酒

- 白酒：雛祭りに出される祝い酒（アルコール分は約9%）。蒸したもち米にみりんを加えてかき混ぜるか、蒸し米に焼酎と米こうじを加えて仕込んだもの。
- 塩こうじ：米こうじに水と食塩を加え発酵させたもので、特有の風味がある。ペースト状と粉末のものがある。

焼酎

- 甲類焼酎（連続式蒸留焼酎）
  アルコール度数36％未満。工業的な連続蒸留装置で、何度も蒸留をおこなうため、味覚の個性は薄い。梅酒などの果実酒づくりに用いられる（ホワイトリカー）。チューハイなどのベースや、リキュールの材料にも。
- 乙類焼酎（単式蒸留焼酎）
  アルコール度数45％未満。米、麦などを原料とし、伝統的な単式蒸留器で蒸留して造る焼酎。基本的に1回のみの蒸留のため、原料本来の風味やうま味成分が生きている。南九州地方が特産地として有名。
- 本格焼酎
  乙類焼酎に属し、主原料をこうじ原料で発酵させて蒸留したもの。主原料により焼酎の種類が決まり、特徴的な風味がある。

主原料

穀類（米や麦など）、芋類（さつまいも、じゃがいも）、清酒製造副産物（白糠や酒粕）、糖質（黒糖）。

泡盛は、砕米を原料とし、黒こうじ菌でこうじにして発酵・蒸留し長年熟成したもの。3年以上のものを古酒といい芳醇な香りがある。アルコール度数は30〜40％。

代表的な銘柄

沖縄（泡盛）	島唄　くら　与那国　咲元　南光
鹿児島（芋）	佐藤　魔王　森伊蔵　富乃宝山　村尾　桜島
	鶴見　なかむら　島美人　薩摩宝山　秀水　ななこ
	さつま白波　さつま島美人　黒伊佐錦　伊佐美
鹿児島（黒糖）	朝日　弥生　珊瑚　八千代
鹿児島（その他）	神の河（麦）
宮崎（芋）	霧島　川越　月の中　甕雫　松露　天地神明　木挽
宮崎（その他）	百年の孤独（麦）　中々（麦）　べいすん（麦）
	雲海（蕎麦）

大分	いいちこ（麦）　二階堂（麦）　兼八（麦）　亀山（芋）
	雪の風（米）
福岡	梟（麦）　千年の眠り（麦）　夢想仙楽（麦）
	雅の刻（麦）　紅乙女（胡麻）
熊本（米）	吟香鳥飼　圓　無限大　白岳
長崎（麦）	山桜
高知（麦）	竜馬
島根（米）	野武士
岡山（またたび）	益々元気
岐阜	天真（蕎麦）　野麦峠（麦）
東京（芋）	島流し（八丈島）
山形（米）	十四代秘蔵純米焼酎

ワイン

近年、消費量が増加傾向、年間1人当たり4.4本（750mlボトル換算）。

製法

　収穫したぶどうをつぶした果汁に酵母を加えて発酵したもの。赤ワインと白ワインの違いは、使用したぶどうの皮による。

アルコール度数：赤ワイン14％前後、白ワイン12％前後

国産ワイン　国産原料を23.6％以上使用したワイン（生果換算の重量比）のこと。

日本ワイン　国内で栽培されたブドウを100％使用して国内で醸造されたワイン（販売数量割合は約12％）主要産地は、山梨県、長野県、北海道、山形県。

主な国産ブドウ品種

赤ワイン用：マスカット・ベリーA、ブラック・クイーン、ヤマブドウ、カベルネ・ソーヴィニヨン、メルロー、ピノ・ノワール、ズヴァイゲルト・レーペ、セイベル13053、甲州ノワール、清見など

白ワイン用：甲州、シャルネド、ケルナー、セイベル9110、ミュラー・トゥルガウ、リースリング、セミヨン、信濃リースリング、甲斐ブランなど

緑茶

茶の製造法と種類

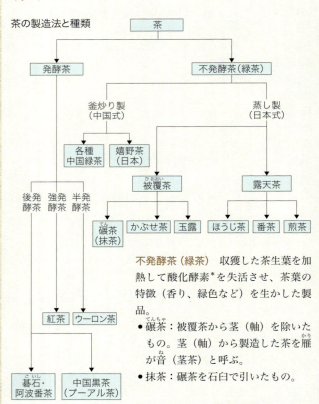

不発酵茶（緑茶） 収穫した茶生葉を加熱して酸化酵素*を失活させ、茶葉の特徴（香り、緑色など）を生かした製品。

- 碾茶（てんちゃ）：被覆茶から茎（軸）を除いたもの。茎（軸）から製造した茶を雁が音（かりがね）（茎茶）と呼ぶ。
- 抹茶：碾茶を石臼で引いたもの。

発酵茶 収穫した茶生葉を加熱しないで酸化酵素を作用させ、発酵を進めて揉捻（じゅうねん）工程を経て乾燥した製品。

紅茶は発酵の程度が強く、ウーロン茶はその程度が弱い。

*酸化酵素：茶葉に含まれるポリフェノールという酸化酵素がカテキンを酸化して褐色化を起こす（紅茶の色）。

菓子

和菓子の種類

```
                            和菓子
        ┌───────────────────┼───────────────────┐
      干菓子              半生菓子              生菓子
```

干菓子

- **あめ物**：有平糖 など
- **焼き物**：落し焼き、ボーロ、卵松葉、小麦せんべい、米菓 など
- **掛け物**：おこし、砂糖漬け、金平糖 など
- **押し物**：塩釜、むらさめ など
- **打ち物**：打ち物種、片くり物、雲きん物、懐中汁粉 など

半生菓子

- **流し物**：干琥珀、寒氷、干ようかん など
- **焼き物**：桜餅（焼皮）、焼き鮎、どら焼き、中花、カステラ など
- **おか物**：最中、鹿の子、州浜 など
- **あん物**：石衣 など

生菓子

- **餅物**：桜餅（道明寺）、草餅、柏餅、大福餅、おはぎ、すあま など
- **蒸し物**：酒饅頭、薯蕷饅頭（小麦粉）、薯蕷饅頭、軽羹饅頭、蒸しようかん、ういろう、こなし・くず桜（関西）など
- **焼き物**：桜餅（焼皮）、焼き鮎、どら焼き、中花、カステラ など
- **流し物**：錦玉羹、ようかん、水ようかん など
- **煉り物**：煉切り、求肥、黄味しぐれ、こなし・くず桜（関東）など

米菓子の種類

```
        うるち米            もち米
           │         ┌────────┼────────┐
        せんべい  揚げ餅   おかき     あられ
      ┌────┴────┐       （主に大型） （主に小型）
   揚げせんべい 焼きせんべい
       │         ┌────┴────┐
     ぬれ      新潟せんべい  草加せんべい
    せんべい    （ソフト）    （ハード）
```

【各地の食】

106 各地の食

北海道

	県木	県花
北海道	エゾマツ	ハマナス

主な地野菜・伝統野菜

じゃがいも（男爵、メークインなど）、きゃべつ（札幌大球）、百合根、たまねぎ（札幌黄）、スイートコーン、まさかりかぼちゃ、にんじん、小豆、大豆、金時豆、てんさい

石狩鍋

生産高の多い野菜

アスパラガス、大根、とうもろこし、たまねぎ、ブロッコリー、かぼちゃ、にんじん、じゃがいも、ながいも、ゆりね、きくらげ、大豆、小豆

飯

サケの飯寿司、ウニ・イクラ丼、イカめし

汁・鍋

石狩鍋、三平汁、ごっこ汁、かぼちゃ汁粉

菜（煮物・焼物・漬物）

松前漬け、サケのちゃんちゃん焼き、いも餅、ジンギスカン、ニシン漬け

麺

下川うどん、ニシンそば、旭川ラーメン、札幌ラーメン、函館ラーメン

菓子・おやつ

丸缶ようかん（五勝手屋ようかん）、山親爺、わかさいも、べこもち

行事食

甘納豆赤飯（冠婚葬祭）、クジラ汁（正月）

ウニ・イクラ丼

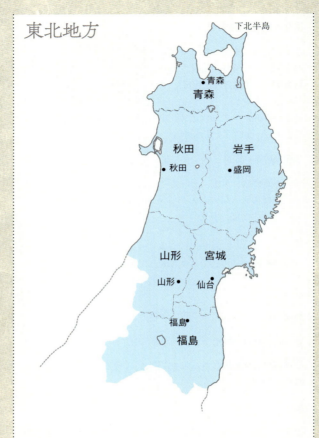

東北地方

	県木	県花
青森県	ヒバ	リンゴ
岩手県	ナンブアカマツ	キリ
宮城県	ケヤキ	ミヤギノハギ
秋田県	アキタスギ	フキノトウ
山形県	サクランボ	ベニバナ
福島県	ケヤキ	ネモトシャクナゲ

主な地野菜・伝統野菜

青森：とうがらし（清水森なんば）、ながいも（がんくみじか）、大鰐温泉もやし、食用菊（阿房宮）、糠塚きゅうり、一町田せり、にんにく（福地ホワイト六片）

安家地大根

岩手：安家地大根、二子さといも、暮坪かぶ、矢越かぶ、黒大豆（南部ひら黒）

秋田：平良かぶ、じゅんさい、秋田ふき、とんぶり、白神あわび茸、松館しぼり大根

宮城：仙台白菜、仙台芭蕉菜、仙台せり、仙台長なす、仙台曲がりねぎ、だいず（青ばた豆）

山形：山形青菜、温海かぶ、あさつき（ひろっこ）、食用菊（もってのほか）、雪菜、民田なす、大豆（だだちゃ豆）、おかひじき

福島：ちりめん茎立、舘岩かぶ、あざき大根、会津赤筋大根、会津丸なす、立川ごぼう、雪中あさづき、かおり枝豆

もってのほか・お浸し

生産高の多い野菜

青森：ながいも、ごぼう、にんにく
岩手：畑わさび、松茸
秋田：じゅんさい、とんぶり、ねまがりたけ
宮城：せり、みょうがたけ
山形：たらの芽、わらび、うるい、食用菊、ぜんまい
福島：つるむらさき

飯

青森：ごま飯
岩手：すし漬、えのはなごはん
秋田：ハタハタ寿司
宮城：はらこ飯、牡蠣飯、いのはなご飯
山形：塩引き寿司、ウコギ飯
福島：しんごろう、わっぱ飯

せんべい汁

汁・鍋

青森：タラのじゃっぱ汁、せんべい汁、ひっつみ
岩手：ひっつみ、そばかっけ、まめぶ、どんこ汁
秋田：きりたんぽ鍋、だまこ鍋、しょっつる鍋、じゅんさい鍋、熊鍋
宮城：せり鍋、牡蠣鍋、どんこ汁
山形：孟宗汁、どんがら汁、いも煮、納豆汁
福島：アンコウ鍋、こづゆ、クジラ汁

菜（煮物・焼物・漬物）

青森：貝焼き味噌、いちご煮、ミズとホヤの水物、イカのすし
岩手：氷頭なます、ばっけ味噌、どんこなます
秋田：いぶりがっこ、カスベのからぎゃ煮、ハタハタの煮付け、なすの花ずし
宮城：ずんだ餅、あざら、ホヤの酢の物、しそ巻き、油麩の煮しめ
山形：だし、ひょうの煮物、鯉のうま煮、雪菜のふすべ漬、玉こんにゃく
福島：イカ人参、ニシンの山椒漬け、サンマのぽーぽー焼き

麺

青森：津軽そば、つゆ焼きそば（黒石やきそば）
岩手：盛岡じゃじゃ麺、わんこそば、盛岡冷麺
秋田：稲庭うどん、横手焼きそば

宮城：白石温麺、仙台冷やし中華
山形：あんかけうどん、すっぽこうどん、ひっぱりうどん、板そば、冷しラーメン、米沢ラーメン
福島：山都そば、高遠そば（ねぎそば）、裁ちそば、喜多方ラーメン、白河ラーメン

菓子・おやつ

青森：干梅、竹流し、べこもち
岩手：黄精飴(おうせいあめ)、豆銀糖(まめぎんとう)、明がらす、きりせんしょ、へっちょこだんご、けいらん
秋田：秋田もろこし、さなづら
宮城：しおがま、仙台駄菓子、九重、松島こうれん、霜ばしら、支倉焼
山形：しぐれの松、のし梅、富貴豆
福島：薄皮饅頭、ゆべし、かみしめ

行事食

青森：けの汁（小正月）
岩手：餅料理（冠婚葬祭）、くるみ雑煮（正月）
秋田：鯉の甘煮（正月・祝儀）
宮城：おくずかけ（お盆・彼岸）、ホヤ雑煮（正月）
山形：笹巻き（端午の節供）
福島：こづゆ（冠婚葬祭）

へっちょこだんご

関東地方

	県木	県花
茨城県	ウメ	バラ
栃木県	トチノキ	ヤシオツツジ
群馬県	クロマツ	レンゲツツジ
埼玉県	ケヤキ	サクラソウ
千葉県	マキ	ナノハナ
東京都	イチョウ	ソメイヨシノ
神奈川県	イチョウ	ヤマユリ

主な地野菜・伝統野菜

茨城：浮島大根、赤ねぎ、江戸崎かぼちゃ、れんこん

栃木：かき菜、野口菜、宮ねぎ、にら（なかみどり）、中山かぼちゃ、大田原とうがらし、かんぴょう（ゆうがお）

下仁田ねぎ

群馬：宮内菜、下仁田ねぎ、入山きゅうり、高山きゅうり、国分にんじん、陣田みょうが、幅広いんげん、こんにゃくいも

埼玉：山東菜、埼玉青丸なす、深谷ねぎ、くわい、木の芽、さつまいも（紅赤）

千葉：土気からしな、大浦ごぼう、はぐらうり、落花生

東京：小松菜、のらぼう菜、金町小かぶ、練馬大根、馬込半白きゅうり、千住ねぎ、吉祥寺うど、奥多摩わさび、内藤とうがらし、谷中しょうが

神奈川：大山菜、万福寺にんじん、たまねぎ（湘南レッド）、三浦大根、三浦こだわりかぼちゃ

生産高の多い野菜

茨城：水菜、白菜、ちんげんさい、ピーマン、れんこん、エシャロット、せり

栃木：かんぴょう、うど、にら

群馬：うど、ふき、モロヘイヤ、こんにゃくいも

埼玉：小松菜、ねぎ、くわい

千葉：枝豆、さやいんげん、ほうれんそう、みつば、かぶ、ねぎ、マッシュルーム、パセリ、落花生

東京：とうがらし、ルッコラ

飯

茨城：塩サケの押し寿司、ハマグリご飯

栃木：かんぴょう巻き、アユのくされ寿司
群馬：釜めし、岩魚寿司
埼玉：忠七飯
千葉：太巻き祭り寿司、カツオめし
東京：江戸前寿司、べっこうずし（伊豆諸島）、深川丼
神奈川：アジ寿司、シラス丼

シラス丼

汁・鍋

茨城：アンコウのどぶ汁、アンコウ鍋、フナのたたき汁
栃木：耳うどん、かんぴょうの吸い物
群馬：のっぺい汁、冷や汁
埼玉：つみっこ
千葉：イワシのつみれ汁、鶏雑炊（とりどせ）
東京：ドジョウ鍋、桜鍋、ちゃんこ鍋
神奈川：牛鍋、けんちん汁

菜（煮物・焼物・漬物）

茨城：そぼろ納豆、わかさぎの天ぷら、ごさい漬
栃木：かんぴょうの卵とじ、いもフライ、宇都宮餃子、アイソ甘露煮、いも串、しもつかれ
群馬：焼きまんじゅう、ナマズのたたき揚げ、こんにゃくの田楽、ねぎぬた、鉄火味噌、生いもこんにゃく料理
埼玉：しゃくし菜漬け、ナマズのてんぷら、おなめ
千葉：イワシのごま漬け、なめろう、さんが焼き、落花生味噌、菜の花の落花生和え
東京：くさや（伊豆諸島）、佃煮、べったら漬け、アナゴの天ぷら、明日葉おひたし
神奈川：たたみイワシ、のらぼう菜のおひたし、スミヤキの煮付け、かんこ焼き

麺

茨城：けんちんそば、水戸藩ラーメン
栃木：耳うどん、ちたけそば、佐野ラーメン
群馬：おっきりこみ、ひもかわうどん、水沢うどん、太田焼きそば
埼玉：加須うどん、煮ぼうとう、ねじ、冷汁うどん、武蔵野うどん
千葉：けんちんそば
東京：あられそば、深大寺そば、東京ラーメン
神奈川：サンマーメン、横浜ラーメン

菓子・おやつ

茨城：のし梅、吉原殿中
栃木：友志良賀、焼きんとん、ちゃのこ
群馬：麦らくがん、鉱泉せんべい、じりやき
埼玉：いがまんじゅう、初雁焼、五家宝、いもせんべい、いもようかん
千葉：栗ようかん、柚子ようかん、落花生の砂糖ころがし、ぬれせんべい
東京：長命寺桜餅、言問団子、シベリア
神奈川：甘露梅、ういろう、鳩サブレー、酒まんじゅう

行事食

茨城：れんこん丸煮（冠婚葬祭）
栃木：しもつかれ（初午）
群馬：つとっこ（端午の節供）
埼玉：けんちん汁（えびす講・冬至）
千葉：太巻き祭りずし（冠婚葬祭）、はば雑煮
東京：ハマグリの潮汁（雛祭り）
神奈川：へらへら団子（佐島の船祭）

太巻き祭り寿司

中部地方

	県木	県花
新潟県	ユキツバキ	チューリップ
富山県	タテヤマスギ	チューリップ
石川県	アテ	クロユリ
福井県	マツ	スイセン
山梨県	カエデ	フジザクラ
長野県	シラカバ	リンドウ
岐阜県	イチイ	レンゲソウ
静岡県	モクセイ	ツツジ
愛知県	ハナノキ	カキツバタ

主な地野菜・伝統野菜

金時草

新潟：女池菜（めいけな）、城之古菜（たてのこしな）、体菜、寄居かぶ、なす（十全なす、長岡巾着なす、白なす、鉛筆なす、やきなす、越の丸）、肴豆、小平方茶豆、だるまれんこん、ゆうごう、とうがらし（神楽南蛮）

富山：五箇山かぶ、さといも（大和）、ねぎたん、きゅうり（高岡どっこ）、千石豆、入善ジャンボすいか、呉羽なし、銀泉まくわ

石川：金時草、中島菜、二塚からしな、金沢春菊、金沢青かぶ、金沢一本ふとねぎ、源助大根、ヘタ紫なす、加賀太きゅうり、打木赤皮甘栗かぼちゃ、小菊かぼちゃ、能登かぼちゃ、金糸瓜、かもうり、沢野ごぼう、加賀丸いも、加賀つるまめ、加賀れんこん、さつまいも

福井：勝山水菜、穴馬かぶら、河内赤かぶ、矢田部ねぎ、大野のさといも、越前白茎ごぼう、かわずうり、花らっきょう

山梨：鳴沢菜、大塚にんじん、さといも（八幡いも）、紅花いんげん、あけぼの大豆、ぶどう（巨峰、甲斐路、甲州、デラウエア、ピオーネ、ロザリオビアンコなど）

長野：野沢菜、上野大根、ねずみ大根、木曽の赤かぶ（王滝かぶ、開田かぶ、細島かぶ、三岳黒瀬かぶ、吉野かぶ）、番所きゅうり、小布施丸なす、松本一本ねぎ、とうがらし（ひしの南蛮・ぼたんしょう）、じゃがいも（下栗いも）

岐阜：あずき菜、種蔵紅かぶ、飛騨紅かぶ、久野川かぶら、森口大根、飛騨一本太ねぎ、きくいも、宿儺かぼちゃ、半原かぼちゃ、菊ごぼう、紅うど、とうがらし（あじめこしょう）、十六ささげ、桑の木豆、あきしまささげ、高原山椒、まくわうり

静岡：水掛菜、芽きゃべつ、折戸なす、えびいも、わさび

愛知：大高菜、大葉、次郎丸ほうれんそう、餅菜、宮重大根、青大きゅうり、愛知縮緬かぼちゃ、愛知早生ふき、うり（か

りもり)

生産高の多い野菜

新潟：なめこ、ひらたけ、まいたけ、えのきだけ、しめじ、えりんぎ

山梨：たらのめ、クレソン

長野：はくさい、レタス、パセリ、えのきだけ、えりんぎ、まつたけ、しめじ、なめこ、ズッキーニ、わさび

静岡：たあさい、セロリ、たで、わさび

愛知：きゃべつ、みつば、とうがん、ふき、しそ、食用菊

飯

新潟：笹寿司、ひこぜん、サケの飯寿司、醤油赤飯、けんさ焼き

富山：マス寿司、おせ寿司、とろろ昆布おにぎり、味噌かんぱ

石川：かぶら寿し、柿の葉寿司、アジのすす

福井：葉寿司、ニシン寿司、朴葉飯、焼きサバ寿司

山梨：やこめ、ちらし寿司

長野：笹寿司

岐阜：朴葉寿司、鮎雑炊、ヘボ飯

静岡：げんなり寿司、田子寿司、サンマ寿司、まご茶漬け

愛知：ひつまぶし、天むす、菜めし、いなり寿司、モロコ寿司

汁・鍋

新潟：スケトの沖汁、クジラ汁、わっぱ煮

富山：ブリしゃぶ、ゲンゲ汁、呉汁、かぶす汁、タラ汁

石川：ミズゴロクの吸い物、ゴリ汁、べか鍋

福井：打豆汁、カニすき

山梨：つぼ汁

長野：たけのこ汁、猪鍋

岐阜：すったて、鴨のすき焼き

静岡：弁天鍋、とろろ汁

愛知：かしわのひきずり、煮味噌

サバのへしこ

菜(煮物・焼物・漬物)

新潟:のっぺ、いごねり、ぜんまいの煮物、煮菜、サケの焼き漬け、ハリハリ漬け
富山:昆布締め、よごし、ブリ大根、ホタルイカ酢味噌和え、シロエビかき揚げ
石川:治部煮、ナスのオランダ煮、こんかイワシ、いしるの貝焼き、ドジョウの蒲焼き
福井:サバのへしこ、すこ、焼き厚揚げ、小鯛の笹漬け
山梨:せいだのたまじ、めまき、鳥もつ煮、煮貝
長野:おやき、鯉こく、すんき漬け、野沢菜漬け、塩イカの粕あえ
岐阜:にたくもじ、こも豆腐、ナマズの蒲焼き、フナ味噌、朴葉味噌
静岡:桜えびのかき揚げ、がわ、静岡おでん、わさび漬け、イルカの味噌煮、ウナギの蒲焼き
愛知:どて煮、鮎の魚田、豆腐田楽、かりもりの粕漬け、手羽先揚げ

麺

新潟:素魚そば、へぎそば
富山:氷見うどん、利賀そば、大門そうめん
石川:小松うどん、なすそうめん
福井:越前おろしそば
山梨:ほうとう、吉田うどん
長野:おしぼりうどん、おしぼりそば、お煮かけ、凍りそば、信州そば、戸隠そば、富倉そば
岐阜:高山ラーメン

越前おろしそば

静岡：富士宮焼きそば
愛知：きしめん、味噌煮込みうどん、台湾ラーメン、あんかけスパゲティ、イタリアンスパゲティ

菓子・おやつ

新潟：越の雪、翁飴、笹団子、三角ちまき、かたもち
富山：月世界、薄氷、杢目ようかん、初午だんご、焼きつけ
石川：長生殿、芝舟、丸柚餅子、氷室饅頭、福徳せんべい
福井：羽二重餅、水ようかん、くず饅頭
山梨：月の雫、黒玉、信玄餅、酒饅頭
長野：栗ようかん、みすず飴、塩ようかん、真味糖、おやき、五平餅
岐阜：柿ようかん、甘甘棒、三島豆、栗きんとん、からすみ（餅菓子）、いも餅、五平餅、みょうがぼち
静岡：安倍川餅、干しいも
愛知：上がりようかん、二人静、きよめ餅、からすみ、五平餅、ういろう

行事食

新潟：のっぺ（正月、冠婚葬祭）
富山：つぼ煮（仏事などの精進料理）
石川：いとこ煮（報恩講）
福井：ぼっかけ（弔事、慶事）
山梨：小豆ぼうとう（若神子の三輪神社の火祭）
長野：朴葉巻き（端午の節供）
岐阜：からすみ（雛祭り）
静岡：へそ餅（十五夜）
愛知：おこしもん（雛祭り）

よもぎのからすみ（菓子）

近畿地方

	県木	県花
三重県	ジングウスギ	ハナショウブ
滋賀県	モミジ	シャクナゲ
京都府	キタヤマスギ	シダレザクラ
大阪府	イチョウ	ウメ・サクラソウ
兵庫県	クスノキ	ノジギク
奈良県	スギ	ナラヤエザクラ
和歌山県	ウバメガシ	ウメ

主な地野菜・伝統野菜

三重：三朝熊小菜、松阪赤菜、三重菜花、御薗大根、伊勢いも、さつまいも（きんこ）、芸濃ずいき

鹿ヶ谷かぼちゃ

滋賀：日野菜、赤丸かぶ、万木かぶ、伊吹大根、下田なす、杉谷なす、秦荘やまいも、水口かんぴょう

京都：すぐき菜、壬生菜、聖護院大根、聖護院かぶ、賀茂なす、九条ねぎ、鹿ヶ谷かぼちゃ、えびいも、堀川ごぼう、伏見とうがらし、万願寺とうがらし、だいず（紫ずきん）、京たけのこ

大阪：大阪しろな、春菊（菊菜）、田辺大根、天王寺かぶ、泉州水なす、泉州黄たまねぎ、毛馬きゅうり、三島うど、高山ごぼう、勝間なんきん、泉州里芋、吹田くわい、八尾若ごぼう

兵庫：岩津ねぎ、淡路島たまねぎ、やまのいも、丹波黒大豆、小豆（丹波大納言）、武庫一寸そらまめ

奈良：大和まな、祝大根、片平あかね、大和丸なす、結崎ねぶか、大和丸なす、三尺きゅうり、宇陀ごぼう、ひもとうがらし、紫とうがらし

和歌山：まびき菜、ま菜、青身大根、水なす、湯浅なす、うすいえんどう、ぶどう山椒、南高梅

生産高の多い野菜

三重：なばな
大阪：菊菜
兵庫：たまねぎ
和歌山：さんしょ、グリンピース

飯

三重：手こね寿司、サンマ寿司、ふき俵
滋賀：フナ寿司、宇川寿司、シジミご飯

京都：サバ寿司、ばら寿司
大阪：箱寿司、バッテラ、かやくご飯
兵庫：タコ飯、サバ寿司、栗ご飯
奈良：柿の葉寿司、茶粥
和歌山：こけら寿司、めはり寿司、サバのなれ寿司

フナ寿司

汁・鍋

三重：伊勢エビ鍋、大敷き汁、魚のじふ、僧兵鍋
滋賀：ウナギのじゅんじゅん、鴨鍋、吊りかぶら汁
京都：湯豆腐、ハモしゃぶ
大阪：ハリハリ鍋、てっちり
兵庫：ぼたん鍋、カニすき
奈良：飛鳥鍋、かしわのすき焼き
和歌山：クエ鍋、ウツボ鍋

菜（煮物・焼物・漬物）

三重：サンマの丸干し、あいまぜ、豆腐田楽、サメのたれ、アラメ巻、とんてき
滋賀：焼きサバそうめん、赤こんにゃくの煮しめ、えび豆、丁字麩の辛子和え、湖魚佃煮
京都：いも棒、賀茂なすの田楽、ちりめん山椒、壬生菜とお揚げの炊いたん、ハモの落とし、京漬物
大阪：タコ焼き、鯛の子のたいたん、若ごぼうの炊いたん、ハモ皮ざくざく、関東煮、じゃこごうこ
兵庫：イカナゴのくぎ煮、黒豆煮、ぼっかけ、玉子焼き
奈良：奈良漬け、七色おあえ、のっぺい、大和まなの煮びたし、干し柿の白和え
和歌山：クジラの竜田揚げ、胡麻豆腐、かまくら漬け、イガミの煮付け

麺

三重：伊勢うどん
滋賀：焼きサバそうめん
京都：にしんそば、京都ラーメン
大阪：うどんすき、きつねうどん（しのだうどん）
兵庫：出石そば（出石皿そば）、そばめし、播州そうめん
奈良：にゅうめん、冷やしそうめん、三輪そうめん
和歌山：和歌山ラーメン

菓子・おやつ

三重：老伴（おいのとも）、赤福、関の戸、安永（やすなが）餅、へんば餅、福引せんべい
滋賀：走り餅、益寿糖（えきじゅとう）、埋れ木、姥ケ餅、豆だんご、丁稚ようかん
京都：唐板、そば板、八つ橋、五色豆、したたり、水無月
大阪：栗おこし、けし餅
奈良：青丹よし、ぶと饅頭
兵庫：玉椿（たまつばき）、塩味まんじゅう、きゃあ餅
和歌山：薄皮饅頭、本ノ字饅頭

行事食

三重：でんがら（野上がり）
滋賀：お講汁（講や寄合い）
京都：サバ寿司（祭り）
大阪：白味噌雑煮（正月）
兵庫：ちょぼ汁（淡路・産後の滋養食）
奈良：きな粉雑煮（正月）
和歌山：サイラの鉄砲寿司（正月）

水無月

中国地方

	県木	県花
鳥取県	ダイセンキャラボク	二十世紀梨
島根県	クロマツ	ボタン
岡山県	アカマツ	モモ
広島県	モミジ	モミジ
山口県	アカマツ	ナツミカン

主な地野菜・伝統野菜

鳥取：ブロッコリー、白ねぎ（伯州美人）、ながいも、砂丘らっきょう

島根：黒田せり、出雲おろし大根、津田赤かぶ、出西しょうが、島根わさび

岡山：土居分小菜、万善かぶら、黄にら、衣川なす、千両なす、そうめんかぼちゃ

広島：広島菜、笹木三月子大根、観音ねぎ、広島わけぎ、青大きゅうり、くわい

山口：笹川錦帯白菜、岩国赤大根、萩たまげなす、白おくら、萩ごぼう、岩国れんこん

生産高の多い野菜

鳥取：らっきょう
岡山：マッシュルーム
広島：くわい

カニすき

飯

鳥取：いただき、大山おこわ、角寿司

島根：箱寿司、うずめ飯、角寿司

岡山：ママカリ寿司、ばら寿司、サワラのこうこ寿司、蒜山おこわ、どどめせ

広島：アナゴ飯、もぐり寿司、牡蠣飯

山口：岩国寿司、ワカメむすび、ゆうれい寿司

汁・鍋

鳥取：カニすき、ばばちゃん鍋

島根：サバの煮食い、シジミ汁、いも煮、へかやき

岡山：牡蠣鍋、そずり鍋

広島：牡蠣の土手鍋、水軍鍋

山口：フグちり、白魚のすまし汁

菜（煮物・焼物・漬物）

鳥取：焼きサバの煮付け、いぎす、豆腐ちくわ、こも豆腐、アゴ野焼き、らっきょうの甘酢漬け

島根：サバのいり焼き、スズキの奉書焼き、アゴ野焼き、ワニ（サメ）の刺身
岡山：アミ大根、シャコの天ぷら、イイダコの煮付け、ママカリの酢漬け
広島：小イワシの天ぷら、ワニ（サメ）の刺身、煮ごめ
山口：フグ刺し、けんちょう、いとこ煮、おばいけ、ちしゃなます、ほおかむり

ママカリ

麺

鳥取：大山そば
島根：出雲そば（割子そば・釜上げそば）
岡山：倉敷ぶっかけうどん、しのうどん、備中うどん、鯛めん（鯛そうめん）、備中そうめん
広島：尾道ラーメン、広島ラーメン、鯛めん（鯛そうめん）
山口：瓦そば

菓子・おやつ

鳥取：砂丘の風紋、香煎餅
島根：若草、山川、菜種の里、まめ栗
岡山：きびだんご、むらすずめ、大手饅頭、調布、流し焼き
広島：大石餅、もみじ饅頭、いが餅
山口：舌鼓、外郎、そばねっつり

行事食

鳥取：じゃぶ（祭り、正月、人寄せ）
島根：おまん寿司（ハレ食）、のりふで（正月・初午）、小豆雑煮（正月）
岡山：鯛めん（慶事）
広島：おはっすん（慶事）
山口：大平（慶事）

四国地方

	県木	県花
徳島県	ヤマモモ	スダチ
香川県	オリーブ	オリーブ
愛媛県	マツ	ミカン
高知県	ヤナセスギ	ヤマモモ

主な地野菜・伝統野菜

香川：たかな（まんば）、三豊なす、金時にんじん、葉ごぼう、さつまいも（坂出三金時）、オリーブ
愛媛：紫長大葉たかな、伊予緋かぶ、庄大根、西条絹皮なす、松山長なす、おおどいも（里芋・女早生）
徳島：しろうり（阿波みどり）、渭東ねぎ、じゃがいも（ごうしゅいも）、さつまいも（なると金時）、すだち
高知：弘岡かぶ、田村かぶ、入河内大根、高知なす、十市なす、葉にんにく、はすいも

生産高の多い野菜

徳島：うり（白うり）、なばな、カリフラワー、しいたけ、すだち、ぜんまい
高知：なす、にら、ししとう、しょうが、みょうが、ゆず、おくら

はすいも

飯

香川：カンカン寿司、いりこ飯、アジの姿ずし
愛媛：鯛飯、ひゅうが飯、松山揚げ寿司
徳島：ボウゼの姿寿司、金時豆のかきまぜ、そば米雑炊
高知：田舎寿司、サンマ寿司、こけら寿司、サバの姿寿司

汁・鍋

香川：ドジョウ汁、打ち込み汁
愛媛：いもたき、さつま汁、きじ鍋
徳島：ハモ鍋
高知：ツガニ汁、ドロメのすまし汁

菜（煮物・焼物・漬物）

香川：まんばのけんちゃん、てっぱい、醬油豆、いもタコ、金時豆のてんぷら

愛媛：イギス豆腐、いずみや、ふくめん、フカの湯ざらし、じゃこ天
徳島：ならあえ、でこまわし、ひらら焼き、フィッシュカツ
高知：カツオのたたき、ドロメのにんにくぬた、ぐる煮、川エビの唐揚げ

麺

香川：打ち込み汁、讃岐うどん、しっぽくうどん、小豆島そうめん、なすそうめん、ふしめん
愛媛：たらいうどん、鍋焼きうどん、五色そうめん、鯛めん（鯛そうめん）
徳島：たらいうどん、祖谷そば、徳島ラーメン、半田そうめん、冷やしそうめん、ふしめん
高知：鍋焼きラーメン

菓子・おやつ

香川：木守、霰三盆糖、はげだんご
愛媛：タルト（一六タルト）、山田屋まんじゅう、薄墨ようかん、しょうゆもち、労研饅頭
徳島：小男鹿、鳴門うず芋、和三盆糖
高知：土佐日記、ケンピ、梅干し、いりもち

タルト

行事食

香川：あんもち雑煮（正月）
愛媛：いもたき（お月見）
徳島：おでんぶ（正月・棟上げ）
高知：皿鉢料理（冠婚葬祭の宴席）

カツオのたたき

九州地方

	県木	県花
福岡県	ツツジ	ウメ
佐賀県	クスノキ	クス
長崎県	ヒノキ・ツバキ	ウンゼンツツジ
熊本県	クスノキ	リンドウ
大分県	ブンゴウメ	ブンゴウメ
宮崎県	フェニックス・ヤマザクラ・オビスギ	ハマユウ
鹿児島県	カイコウズ・クスノキ	ミヤマキリシマ
沖縄県	リュウキュウマツ	デイゴ

主な地野菜・伝統野菜

福岡：福かつお菜、蕾菜、三池高菜、山潮菜、博多大長なす、博多万能ねぎ、合馬たけのこ

佐賀：相知高菜、戸矢かぶ、女山大根、桐岡なす、ひし

長崎：辻田はくさい、長崎はくさい（唐人菜）、雲仙こぶ高菜、長崎赤かぶ、長崎紅大根

熊本：阿蘇高菜、熊本京菜、赤大根、熊本赤なす、砂土原なす、熊本ねぎ、わけぎ（一文字）、地きゅうり、あかどいも、鶴の子いも、はなやさい天草1号

大分：久住高菜、青長地這きゅうり、みとり豆、ちょろぎ、大分かぼす、原木しいたけ

宮崎：糸巻き大根、佐土原なす、日向黒皮かぼちゃ、鶴首かぼちゃ、たけのこいも

鹿児島：有良大根、桜島大根、山川大根、横川大根、白なす、はやとうり、フル（葉にんにく）、安納いも、さつま大長レイシ

沖縄：サクナ（長命草）、シマナー（からしな）、フーチバー（にしよもぎ）、ゴーヤー、ナーベラー（へちま）、チデークニ（島にんじん）、ウム（べにいも）、ターンム（田いも）、ラッチョウ（島らっきょう）、コーレーグース（島とうがらし）

桜島大根

生産高の多い野菜

福岡：みずな、たけのこ、たで
佐賀：たまねぎ

長崎：じゃがいも
熊本：とまと、きくらげ
大分：とうがらし
宮崎：きゅうり、ズッキーニ、さといも、ピーマン、せり、
さといも
鹿児島：さやえんどう、さつまいも、おくら、らっきょう、
そらまめ、ごま、たけのこ
沖縄：ゴーヤー

飯

福岡：ウナギのせいろ蒸し、カマス寿司、かしわ飯
佐賀：須古寿司、栗おこわ
長崎：大村寿司、イワシのおかべ寿司、サザエ飯
熊本：南関あげ巻き寿司、ぶえん寿司、高菜飯
大分：お方寿司、ブリのあつ飯、黄飯、物相寿司、鶏飯
宮崎：レタス巻き、鮎寿司、冷汁
鹿児島：鶏飯（奄美）、さつますもじ
沖縄：大東寿司、クファジューシー

汁・鍋

福岡：もつ鍋、水炊き
佐賀：だご汁、のっぺい汁
長崎：ひきとおし、ヒカド
熊本：桜鍋、つぼん汁、だんご汁
大分：ハモちり、かしわ汁、手延べだんご汁
宮崎：カニまき汁、だご汁、ぼったり汁
鹿児島：黒豚のしゃぶしゃぶ、さつま汁
沖縄：アーサ汁、中身汁、やぎ汁、いかすみ汁

菜（煮物・焼物・漬物）

福岡：がめ煮、ぬか味噌炊き、おきゅうと
佐賀：ふなんこぐい、ムツゴロウ蒲焼き、にいもじ、かけあ
え、呼子イカの活きづくり
長崎：浦上そぼろ、茶碗蒸し、煮ごみ、クジラじゃが

熊本：馬刺し、からし蓮根、いきなりだご、かすよせ、ひともじのぐるぐる
大分：きらすまめし、タラオサの煮しめ、とりてん、りゅうきゅう、ウルカ
宮崎：マグロのごんぐり煮、地鶏の炭火焼き、飫肥天、菜豆腐、メヒカリの唐揚げ
鹿児島：豚骨、がね、キビナゴの刺身、地鶏の刺身、しゅんかん、つけあげ
沖縄：ゴーヤーチャンプル、足ティビチ、ジーマーミ豆腐、ミミガー、ナーベーラーンブシー、ヒラヤーチー、ラフテー

ラフテー

麺

福岡：小倉焼きうどん、かしわうどん、博多うどん、久留米ラーメン、博多ラーメン
佐賀：のべだご汁
長崎：五島うどん地獄炊き、皿うどん、島原そうめん、対州そば（いり焼きそば）、ちゃんぽん、ろくべえ
熊本：押し包丁、地鶏そば、熊本ラーメン、太平燕、南関そうめん
大分：ごまだしうどん、だんご汁、鮑腸、やせうま
宮崎：釜上げうどん、魚うどん、ゆであげだご汁（神楽うどん）、そば汁
鹿児島：薩摩そば、そばずい（そばじゅい）、鹿児島ラーメン、油そうめん、ヘチマとそうめんの味噌汁
沖縄：沖縄そば、ソーミンチャンプルー、八重山そば

菓子・おやつ

福岡：鶴の子、梅が枝餅、栗饅頭、ふな焼き、けいらんそうめん
佐賀：小城ようかん、松露饅頭、丸芳露、石垣だご
長崎：カステラ、カスドース、石垣だご、かんころもち
熊本：朝鮮飴、かせいた、いきなりだご　豆だご、石垣だご
大分：雪月花、やせうま
宮崎：つきいれ餅、長饅頭、くじらようかん、ふくれ菓子
鹿児島：かるかん、げたんは、あくまき、ふくれ菓子
沖縄：タウチイチャウ（闘鶏餃）、ちんすこう、ムーチー、きっぱん、冬瓜漬、サーターアンダギー、ちんびん、ポーポー

行事食

福岡：博多雑煮（正月）、のうさば（正月）
佐賀：だぶ（冠婚葬祭）
長崎：卓袱料理（宴席）、具雑煮（正月）
熊本：コノシロの姿寿司（正月、慶事）
大分：盆だら（タラオサの煮物・盆）
宮崎：神楽煮しめ（神楽の夜食）
鹿児島：あくまき（端午の節供）、かいのこ汁（盆）
沖縄：御三味（清明祭等に作る重詰料理）

あくまき

旧国名対照表

東山道

旧国名	都道府県
陸 奥	青森県
陸 中	岩手県
	秋田県
陸 前	宮城県
羽 後	秋田県
羽 前	山形県
岩 代	福島県
磐 城	
下 野	栃木県
上 野	群馬県
信 濃	長野県
飛 驒	岐阜県
美 濃	
近 江	滋賀県

北陸道

旧国名	都道府県
佐 渡	新潟県
越 後	
越 中	富山県
能 登	石川県
加 賀	
越 前	福井県
若 狭	

東海道

旧国名	都道府県
常 陸	茨城県
下 総	千葉県
上 総	
安 房	
武 蔵	埼玉県
	東京都
相 模	神奈川県
甲 斐	山梨県
伊 豆	静岡県
駿 河	
遠 江	
三 河	愛知県
尾 張	
伊 勢	三重県
志 摩	
伊 賀	

畿内

旧国名	都道府県
山 城	京都府
摂 津	大阪府
河 内	
和 泉	
大 和	奈良県

壺川

松江　鳥取　園部
出雲市　米子　和田山　京都
　　　岡山　西明石
　福山　　　吉野口
宮島口　　高松　和歌山
下関　　松山　今治　徳島
折尾　　　　高知
小倉　大分
鳥栖
熊本
長崎　八代
　嘉例川　宮崎
鹿児島中央　西都城

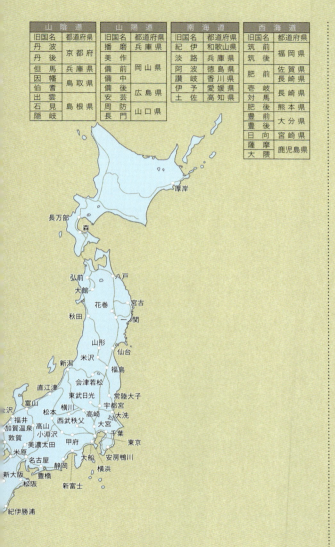

主要鉄道路線図

駅弁

都道府県	駅名（路線名）	名称
北海道	森（函館本線）	いかめし
	厚岸（根室本線）	かきめし
	長万部（室蘭本線）	かなやのかにめし
青森県	弘前（奥羽本線）	むつ湾産　帆立釜めし
	八戸（青い森鉄道）	さば蒲焼風弁当
		大間のマグロづけ炙り丼
岩手県	宮古（三陸鉄道）	いちご弁当
	一ノ関（東北本線）	前沢牛めし
	花巻（東北本線）	白金豚弁当
宮城県	仙台（東北本線）	網焼き牛たん弁当
	仙台（東北本線）	伊達のはらこめし
秋田県	大館（奥羽本線）	鶏めし
	秋田（奥羽本線）	日本海ハタハタすめし
山形県	米沢（奥羽本線）	牛肉どまん中
		鯉弁当
福島県	福島（東北本線）	地鶏ゆず味噌焼弁当
	会津若松（磐越西線）	会津う米う米弁当
茨城県	大洗（大洗鹿島線）	印籠弁当
	常陸大子（水郡線）	奥久慈しゃも弁当
栃木県	宇都宮（東北本線）	とちぎ霧降高原牛めし
	東武日光（東武日光線）	日光鱒寿し
群馬県	横川（信越本線）	峠の釜めし
	高崎（上越新幹線）	だるま弁当
埼玉県	西武秩父（西武秩父線）	秩父釜めし
	大宮（東北本線）	大宮弁当
千葉県	千葉（総武本線）	やきはま弁當
	安房鴨川（内房線）	さんが焼弁当
東京都	東京（東海道本線）	深川めし
		チキン弁当
神奈川県	横浜（東海道本線）	シウマイ御弁當

特徴
マイカに餅米とうるち米を詰めて煮込んだもの
カキ煮汁飯にひじき、アサリ、つぶ貝、ふき
味付けご飯の上にたけのこ、カニほぐし身
茶めしの上にホタテ、錦糸玉子
ご飯の上に八戸の前沖サバの蒲焼き
大間マグロの特製ダレ漬け込み炙り
ウニとアワビの煮汁飯の上にウニそぼろと蒸しアワビ
前沢牛の霜降りローストビーフ
花巻のブランド豚の紙カツ
麦飯の上に牛たん焼き、加熱式弁当
サケはらこめし、味噌しそ巻き、うぐいす豆、ゆず大根、紅大根が付け合わせ
秋田米あきたこまちのご飯の上に、比内地鶏のぶつ切り煮
ハタハタの照り焼き
ご飯の上に牛すき焼き肉と牛そぼろ肉
米沢ゴイの甘露煮
ご飯の上に福島県産「伊達鶏」のそぼろと照り焼き
会津産米の4種のおにぎり
印籠を模した容器に、炊き込みご飯、玉子焼き、豚肉の梅肉あえ
しゃも肉、ごぼう煮、玉子そぼろ
ご飯の上に牛肉煮、ごぼう煮、煮玉子、生姜、小松菜、たけのこ煮
中禅寺湖特産のヒメマスの押し寿司
益子焼の釜に炊き込みご飯と山里の幸
ダルマ型容器に群馬の山の幸
茶飯の上に栗、山菜、こんにゃく、きんぴらごぼう
茶飯、刻み鰻、サケの味噌漬け焼き、たらの芽のから揚げ
味付けご飯、ハマグリ串焼き、マグロ照り焼き
アジ、ねぎ、生姜などを混ぜて焼いた「さんが焼き」
アサリの深川煮、アナゴ、べったら漬け、小茄子漬け
ケチャップ味のチキンライスと鶏のから揚げ
俵型ご飯、シウマイ、鶏から揚げ、マグロ、玉子焼き、かまぼことたけのこ煮など

神奈川県	大船（東海道本線）	鯵の押し寿司
新潟県	新潟（信越本線）	えび千両ちらし
	直江津（信越本線）	鱈めし
富山県	富山（北陸新幹線）	ますのすし
		ぶりのすし
石川県	金沢（北陸本線）	加賀野立弁当
	加賀温泉（北陸本線）	鯛のいなり手箱
福井県	福井（北陸本線）	越前かにめし
	敦賀（北陸本線）	元祖鯛鮨
山梨県	甲府（中央本線）	甲州旨いもの合戦　風林火山
	小淵沢（中央本線）	高原野菜とカツの弁当
長野県	松本（篠ノ井線）	月見五味めし
		安曇野釜めし
岐阜県	美濃太田（高山本線）	松茸の釜飯
	高山（高山本線）	飛騨牛しぐれ寿司
静岡県	静岡（東海道本線）	元祖鯛めし
	新富士（東海道本線）	竹取物語
愛知県	名古屋（東海道本線）	純系名古屋コーチンとりめし
	豊橋（東海道本線）	稲荷寿し
三重県	松阪（紀勢本線）	モー太郎弁当
		モー太郎寿司
滋賀県	米原（東海道本線）	湖北のおはなし
		元祖鱒寿し
京都府	園部（山陰本線）	栗めし
	京都（東海道本線）	京のおばんざい
大阪府	新大阪（東海道本線）	八角弁当
兵庫県	西明石（山陽本線）	ひっぱりだこ飯
	和田山（山陰本線）	但馬の里和牛弁当
奈良県	吉野口（和歌山線）	柿の葉寿司
		鮎ずし

マアジの押し寿司
厚焼き玉子、鰻の蒲焼き、蒸しエビ、酢じめコハダ、干しイカなどのちらし
棒ダラの甘露煮、焼きダラの子、タラの親子漬け
笹の葉に包まれたマスの押し寿司
ブリとかぶの薄切り、昆布とにんじんのせん切りの押し寿司
鰻巻、ヒラメ昆布じめ、蒸しウニ、車エビうま煮、ドジョウ蒲焼き、細巻き、加賀名物治部煮
タイ飯のいなりずし
全国初のカニ駅弁
タイの押し寿司
アワビ煮貝寿司、アワビとしめじの炊き込みご飯、鉄火味噌のせ笹ご飯、山栗おこわなど
生野菜入り駅弁
甘辛鳥そぼろご飯、山菜、エビや錦糸玉子、うずらのゆで玉子
陶製容器に、鴨肉、しめじ、山ごぼう、野沢菜油炒め
茶飯松茸、鶏肉、たけのこ、わらび、グリーンピース、さくらんぼ
飛騨牛ローストビーフ、牛肉のしぐれ煮
桜飯とタイそぼろの混ぜご飯
富士市名物落花生おこわ、ホタテ照り焼き、キンメダイ塩焼き、桜エビ煮
鶏ご飯、純系名古屋コーチン、うずらの玉子、山菜としいたけとたくあん
1889年より販売、いなりずし
ご飯の上に牛すき焼き肉
松阪牛しぐれ煮巻き寿司
山菜、枝豆、栗、黒豆などの季節のおこわ、鴨ロースト、鶏肉くわ焼き
醒井渓谷の養殖マスの寿司
丹波栗の炊き込みご飯
京都の家庭料理。湯葉、にんじん、さといも、サワラ味噌漬け焼き
赤魚味噌祐庵焼き、鶏照り焼き、牛肉、まいたけの煮物、エビ芝煮、イカのウニ焼き、れんこん煮物
明石のタコのすり身天ぷら、炊き込みご飯、たけのこ、アナゴ、松茸、にんじん
甘辛味付けの但馬牛
しめサバとサーモンを柿の葉で包んだ寿司
一尾のアユの姿寿司

和歌山県	和歌山(紀勢本線)	小鯛雀寿司
	紀伊勝浦(紀勢本線)	鮪素停育
鳥取県	鳥取(山陰本線)	いかすみ弁当　黒めし
	米子(山陰本線)	米屋吾左衛門酢　鯖
島根県	松江(山陰本線)	およぎ牛弁当
	出雲市(山陰本線)	出雲そば弁当
岡山県	岡山(山陽本線)	桃太郎の祭り寿司
		いいとこ鶏弁当
広島県	福山(山陽本線)	元祖珍弁たこめし
	宮島口(山陽本線)	あなごめし
山口県	下関(山陽本線)	ふく寿司
徳島県	徳島(高徳線)	阿波地鶏弁当
香川県	高松(高徳線)	あなごめし
愛媛県	松山(伊予線)	醤油めし
	今治(伊予線)	瀬戸の押寿司
高知県	高知(土讃線)	かつおたたき弁当
福岡県	折尾(筑豊本線)	かしわめし
	小倉(鹿児島本線)	無法松べんとう
佐賀県	鳥栖(鹿児島本線)	あさりめし
		焼麦弁当
長崎県	長崎(長崎本線)	龍馬とお龍のおしどり弁当
		ながさき鯨カツ弁当
熊本県	八代(鹿児島本線)	鮎屋三代
	熊本(鹿児島本線)	うま〜かさくら弁当
大分県	大分(日豊本線)	豊のしゃも弁当
		豊後牛めし
宮崎県	宮崎(日豊本線)	椎茸めし
	西都城(日豊本線)	かしわめし
鹿児島県	嘉例川(薩摩線)	百年の旅物語　かれい川
	鹿児島中央(鹿児島本線)	鰹一本釣り弁当
沖縄県	壺川(沖縄都市モノレール線)	海人がつくる壺川駅前弁当

紀伊海峡産のタイ寿司

マグロのステーキ、めはり寿司入り

イカ墨混じりのご飯、小イカ、イカ団子、山ごぼう

サバ酢漬けを煮込み昆布で巻いた押し寿司

ご飯の上に潮凪牛の牛すき焼き肉、牛そぼろ

出雲蕎麦とカニちらしずし

エビ、アナゴ、サワラ、ママカリ、タコ、アサリをのせたちらし寿司

備中森林鶏と吉備高原鶏を使用

炊き込みご飯、エビ、しいたけ、錦糸玉子、たけのこ、タコの甘煮

アナゴ蒲焼き丼

フグの身、フグそぼろ、ウニ、エビ、しいたけのちらし寿司

地鶏「阿波尾鶏」の鶏飯、サバ塩焼き、れんこん挟み揚げ、しいたけの煮物、大学芋、酢ダコ

いりこだしの味付けご飯、焼きアナゴと煮アナゴ、筑前煮と大根漬けと醤油豆

醤油味の混ぜご飯、鶏、しいたけ、れんこん、ふき

笹の葉で包んだタイの押し寿司

カツオのたたき、有頭エビ、ホタテ煮、たけのこ、高野豆腐など

鶏肉の炊き込みご飯、海苔、錦糸玉子、フレーク状のかしわ

山菜風おこわ、バチ(いかだごぼう)や太鼓(かまぼこ)を模したおかず

味付けご飯にアサリと錦糸玉子、菜の花、山ごぼう、うみたけ粕漬け

鳥栖の焼麦、かしわめし

大村寿司、鶏照り焼き、豚角煮、焼きサケ、ハトシ、竜眼、鯨の肉じゃがなど

鯨のそぼろ、鯨カツ、竜田揚げ

焼きアユで出汁を取った炊き込みご飯にアユ甘露煮

焼いた馬肉、グリーンピース

茶飯に「豊のしゃも」の鶏そぼろと玉子そぼろ、高菜と生姜

豊後牛バラ肉すき焼き風

鶏ガラスープの炊き込みご飯、鶏そぼろ、しいたけ、錦糸玉子

都城地方の郷土料理、炊き込みご飯にかしわの胸肉

しいたけとたけのこの炊き込みご飯、ガネ(さつま芋の入った天ぷら)、きのこ入りコロッケ、しいたけ、たけのこ

カツオだしの茶飯、枕崎ぶえんカツオの照り焼き

クロカワカジキの漬け丼、もずく、カジキ、アーサの天ぷら、車エビ、海ぶどう

【食に関する資料】

(1) 和食の年表

時代	西暦	和暦	食生活全般
後期旧石器時代	約3万5000年前〜BC4000年頃		石礫(せきれき:小石)を焼き調理
縄文	BC4000〜BC400頃		漁撈活動活発化 狩猟対象が、大型獣から小型獣に トチノミ、どんぐり類が主要な食料源となる。アク抜きのさらし技術進展 初期農耕開始 米作りが伝わる
弥生	BC400〜AD250頃		水田稲作広がる。同時になれずしが登場 土器製塩広まる 『魏志倭人伝』に、日本では「手食」とある
古墳	250〜600頃		大陸からのウシ・ウマ農耕に使用
飛鳥	646 675	大化2 天武4	役人、朝夕の二食制に 大陸の食文化(唐菓子・乳製品・醬など)渡来 班田収授法発布。租庸調兵役義務開始まる 期限付き肉食禁止令(牛・馬・犬・猿・鶏)発布
奈良	745	天平17	神饌に、米・餅・酒・海産物とその料理主流に 干物・漬物の増加 索餅(通称むぎなわ)、夏に多く作られる 蔗糖伝来
平安			唐から茶伝来 貴族の宴会に中国伝来の大饗料理採用 調味料に、塩・酢・醬・未醬など(『和名類聚抄』) 歯周病・糖尿病などの贅沢病が、貴族に増加 末法思想下、迷信による食習俗蔓延
鎌倉	1214 1228	建保2 安貞2	抹茶法が将来する。 栄西、『喫茶養生記』著述 覚山、中国から径山寺味噌伝える 道元『典座教訓』(1237)・『赴粥飯法』(1246)著述 精進料理、点心、禅院の茶礼発達 精進物を調理する調菜人の登場、豆腐料理『庭訓往来 喫茶風習、茶寄合として、一般に流行

調理器具等
細石器(細石刃)文化広がる
土器発明・石皿・すり石・たて臼・たて杵・石包丁
鉄器大陸より渡来 飲食に高坏
甑の利用、移動式かまど、すり鉢、須恵器出現、鉄製包丁、まな板

室町			武士の供応食として、本膳料理形成 庖丁流派、庖丁人の誕生 『四條流庖丁書』など、流派料理書成立 湯浅(和歌山)で醤油醸造 刺し身、わさび酢や生姜酢などで調味 かまぼこが饗応食に 座・問の発達による食品の流通拡大 大豆の生産量拡大で、味噌汁が普及 南蛮料理・南蛮菓子(カステラ、コンペイトウなど)伝来
安土桃山			千利休、茶の湯・懐石料理を完成させる 砂糖の輸入量が増加し、菓子製造に使用される 練羊羹販売
	1587	天正15	豊臣秀吉、北野大茶会開催 さしみの調味料に煎り酒
江戸	1643	寛永20	日本初の出版料理書『料理物語』刊行 本草書、養生書刊行 都市部にて、料理屋や食べ物屋が発達 料理茶屋にて、会席料理や卓袱料理が流行 萬福寺の隠元、普茶料理・煎茶を伝える けがれによる肉食禁忌の観念が広く浸透 かつお節のかび付 吉宗、国産砂糖奨励、甘藷栽培の奨励 酒粕から粕酢 料理書にみりんの使用多くなる 和菓子の完成期 江戸前寿司、ウナギ丼などが考案される。
明治			開国を機に、肉食解禁。牛鍋が流行 西洋料理・西洋菓子伝来 西洋料理店開店 西洋料理書・西洋食事作法書刊行
	1884	明治17	野菜類の缶詰製造
	1894	明治27	福澤諭吉、初めての料理新聞記事をスタート
	1900	明治33	バター、チーズ製造 家庭向け料理書出版。料理講習会も盛んに
	1907	明治40	池田菊苗、グルタミン酸ナトリウムの開発に成功 トマトケチャップ製造
	1908	明治41	米の摂取率が平均53%となる

すのこの流し
料理道具としてのすり鉢の普及

鉄鍋、雪平鍋
羽釜
七輪
胴壺、かまど

立ち流し
ガスコンロ、ガスかまど
亀の子たわし
氷で冷やす冷蔵庫

大正	1913	大正2	家庭向け料理雑誌『料理の友』創刊
			物価高騰と米不足で、じゃがいもなどの代用食奨励
	1915	大正4	酒や醤油の一升瓶出まわる
	1921	大正10	内務省(または国立)栄養研究所開所
	1923	大正12	関東大震災を機に、中国料理が見直される
	1925	大正14	ラジオの料理番組開始
			マヨネーズ製造
			ライスカレー、コロッケ、トンカツが「三大洋食」に
昭和			戦時下、食料統制厳しくなる
			イモやカボチャなどの代用食増産
	1950	昭和25	野菜の皮や種など廃棄物の食べ方研究も盛んに
			魚肉ソーセージ発売
	1953	昭和28	ミルクとパンの完全学校給食開始
			固形の即席カレー販売
	1956	昭和31	テレビの料理番組開始
			コシヒカリなど、米の品種改良が進む
			インスタント食品やレトルト食品誕生
	1965	昭和40	電気釜、冷蔵庫など台所家電発売
			冷凍冷蔵庫発売。冷凍食品が普及
			スーパーマーケット、コンビニエンスストアの展開
	1976	昭和51	ファーストフード店やファミリーレストランが増加
	1980	昭和55	米飯給食導入
			農政審議会、「日本型食生活」提唱
			日本食の洋風化、簡便化がすすむ
平成			食料自給率が39〜40%に低下
	1993	平成5	冷夏による平成の米騒動がおこる
	1995	平成7	阪神・淡路大震災の結果、災害食が注目される
			遺伝子組み換え食品が登場
	2005	平成17	食育基本法成立
			家庭料理の外部化や家族の孤食化が社会問題に
			海外での日本食人気が高まる
	2013	平成25	「和食 伝統的な日本人の食文化」が、ユネスコ無形文 遺産に登録される
	2014	平成26	11月24日「和食の日」制定
			給食の牛乳と和食の関係話題に
	2015	平成27	一般社団法人和食文化国民会議設立

アルミ鍋、やかん

電熱器・自動電気パン焼き器(1926)家庭用冷蔵庫(東芝)(1930)圧
力鍋(健康鍋)(1934)文化湯沸かし器・超溶離耐熱ガラス(1936)ミキ
サー(1948)魔法瓶(タイガー)(1950)ステンレス流し台(1954)電気自
動炊飯器(東芝)(1955)茹で卵器・温度調節付き電気ポット・ドアポケ
ット式冷蔵庫(1959)

クレラップ・サランラップ(1960)フリーザー付き冷蔵庫(1961)タッパー
ウエアー(1963)オーブントースター(1964)2ドア式冷凍冷蔵庫(1965)
フッ素樹脂加工のフライパン・家庭用電子レンジ(シャープ)(1966)家
庭用ガス給湯器(1970)
魔法瓶・電子ジャー・家庭用自動餅つき器(1971)システムキッチン
(1973)食器自動乾燥機・オーブンレンジ(1977)
マイコン付き炊飯ジャー(1985)セラミック製包丁・フライパン・焼き網
(1985)自動パン焼き器ブーム(1986)

食器洗い乾燥器・生ごみ処理器・電磁調理器が家電の新三種の神器
スチームオーブン(2015年まで毎年新開発)(2004)シリコン調理器具・
シリコンスチーマ・ノンオイルフライヤー

(2) 食料自給率の変化

		昭和40年度	50	60	平成7年度	17	20
品目別自給率	米	95	110	107	104	95	95
	小麦	28	4	14	7	14	14
	いも類	100	99	96	87	81	81
	大豆	11	4	5	2	5	6
	野菜	100	99	95	85	79	82
	果実	90	84	77	49	41	41
	牛肉	95 (84)	81 (43)	72 (28)	39 (11)	43 (12)	44 (12)
	豚肉	100 (31)	86 (12)	86 (9)	62 (7)	50 (6)	52 (6)
	鶏肉	97 (30)	97 (13)	92 (10)	69 (7)	67 (8)	70 (8)
	牛乳・乳製品	86 (63)	81 (44)	85 (43)	72 (32)	68 (29)	70 (30)
	魚介類	100	99	93	57	51	53
	海藻類	88	86	74	68	65	71
	砂糖類	31	15	33	31	34	38
	油脂類	31	23	32	15	13	13
	きのこ類	115	110	102	78	79	86
供給熱量ベースの総合食料自給率		73	54	53	43	40	41
生産額ベースの総合食料自給率		86	83	82	74	69	65
飼料需給率		55	34	27	26	25	26

(注1) 米については、国内生産と国産米在庫の取崩しで国内需要に対応している実態を踏まえ、平成10年度から国内生産量に国産米在庫取崩し量を加えた数量を用いて、次式により品目別自給率、穀物自給率及び主食用穀物自給率を算出。
　　　自給率＝国産供給量(国内生産量＋国産米在庫取崩し量)／国内消費仕向量×100(重量ベース)
(注2) 品目別自給率、穀物自給率の算出は次式による。
　　　自給率＝国内生産量／国内消費仕向量×100(重量ベース)

（単位：%）

21	22	23	24	25	26	27	28（概算）
95	97	96	96	96	97	98	97
11	9	11	12	12	13	15	12
78	76	75	75	76	78	76	74
6	6	7	8	7	7	7	7
83	81	79	78	79	79	80	80
42	38	38	38	40	42	41	41
43 (11)	42 (11)	40 (10)	42 (11)	41 (11)	42 (12)	40 (12)	38 (11)
55 (6)	53 (6)	52 (6)	53 (6)	54 (6)	51 (7)	51 (7)	50 (7)
70 (7)	68 (7)	66 (8)	66 (8)	66 (8)	67 (9)	66 (9)	65 (9)
71 (30)	67 (28)	65 (28)	65 (27)	64 (27)	63 (27)	62 (27)	62 (27)
53	55	52	52	55	55	55	53
72	70	62	68	69	67	70	69
33	26	26	28	29	31	33	28
14	13	13	13	13	13	12	12
87	86	87	87	87	88	88	88
40	39	39	39	39	39	39	38
70	69	67	67	65	64	66	68
25	25	26	26	26	27	28	27

(注3) 供給熱量ベースの総合食料自給率の算出は次式による。ただし、畜産物については、飼料自給率を考慮して算出。
自給率＝国産供給熱量／国内総供給熱量×100（供給熱量ベース）
(注4) 生産額ベースの総合食料自給率の算出は次式による。
自給率＝食料の国内生産額／食料の国内消費仕向額×100（生産額ベース）
(注5) 肉類（鯨肉を除く）、牛肉、豚肉、鶏肉、鶏卵、牛乳・乳製品の（ ）については、飼料自給率を考慮した値。
出典：農林水産省ホームページ（2018年2月9日更新）

⑶ 食文化に関する資料

古代

① 『古事記』 倉野憲司校注 岩波書店 1963
日本最古の歴史書・文学書で語り部の伝承、古代の神話、伝説
などを記す。712年編纂。

② 『日本書紀』全5巻 坂本太郎ほか校注 岩波書店 1995
720年に天皇家の系譜と物語を正史として記された歴史書。

③ 『万葉集』上・下 伊藤博校注 角川書店 1985
和歌にある食べ物から当時の食生活の一端が推察される。

④ 『続日本紀』上・中・下 宇治谷孟訳 講談社 1992-5
797年に成立した「日本書紀」に続く国史。

⑤ 『延喜式』上・下・索引 藤原忠平他撰 臨川書店 1992
平安時代中期に編纂された律令の細則を記した書で、酒や調味
料の製造方法、食品などを多く掲載。

⑥ 『倭名類聚抄(影印本)』1-20巻 源順編 風間書房 1967
平安中期の漢和辞書。食品・加工食品が掲載されている。

⑦ 『類聚雑要抄』 著者不詳 (『群書類従』26 雑部) 続群書類
従完成会 1932
藤原忠通の大饗の様子や献立が参考となる。

中世

① 『典座教訓・赴粥飯法』 道元著 中村璋八他訳 講談社 1991
『典座教訓』は、禅寺の食事係・典座の心得・作法を説いた指
南書。『赴粥飯法』には、禅僧の食事への心構えがまとめられ
ている。

② 『世俗立要集』 塙保己一編 (『群書類従』19 飲食部) 群書
類従刊行会 1951
鎌倉時代に成立。武家に進められる酒肴などについて図入りで
説明されている。

③ 『異制庭訓往来』 1358-72年頃 (『新校群書類従』6)
南北朝時代の教科書。年中行事・喫茶・風物などが参考となる。

④ 『庭訓往来』 石川松太郎校注 平凡社 1973
南北朝から室町時代初期に成立した初級の教科書。点心や食

品・料理記載。
⑤『尺素往来』 一条兼良 (『日本教科書大系』2) 講談社 1967
室町中期の往来物。年中行事など往復書簡の形式にまとめたもの。
⑥『四條流庖丁書』 著者不詳 (『群書類従』19 飲食部) 群書類従刊行会 1951
室町中期（1489年以前成立）の四條流の料理書。
⑦『七十一番職人歌合』(『江戸科学古典叢書』6) 恒和出版 1977
室町時代に成立した中世職人を題材とした歌合せ。豆腐売り、酒売りなども描かれている。
⑧『言継卿記（新訂増補）』 山科言継 続群書類従完成会 1966
戦国時代の公家の日記。食事に関する記述が豊富。
⑨『邦訳 日葡辞書』 岩波書店 1980
イエズス会宣教師たちにより編集された辞書。

近世

① 『養生訓』 貝原益軒著 石川謙校訂 岩波書店 1961
江戸時代の代表的な養生書。
② 『農業全書』(『日本農書全集』第12・13巻) 山田龍雄ほか翻刻・現代語訳・校注 農文協 1978
穀類に加え多種の野菜類の栽培方法、産地と品種、食べ方などを記載。

『漬物塩嘉言』個人蔵

③『日本農書全集』第50-52巻「農産加工」 佐藤常雄・徳永光俊・江藤彰彦編　農文協　1994-8
漬物、豆腐、麩、醬油、酒、葛などの製造について記した江戸期の農書類を収録。

④『翻刻江戸時代料理本集成』全11巻　吉井始子編　臨川書店　1977-8
江戸時代に出版された料理書50種を集大成、解説、総索引を付したもの。

『素人庖丁』個人蔵

⑤『日本料理秘伝集成』全19巻　同朋舎出版　1985
江戸時代に出版された料理書を翻刻し、現代語訳、解説を付したもの。

⑥『近世菓子製法書集成』1・2　鈴木晋一・松本仲子編　平凡社　2003
江戸時代の菓子製法書を集め翻刻、解説したもの。

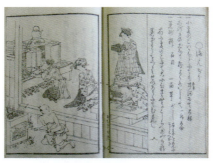

『餅菓子即席手製集』東京家政学院大学附属図書館所蔵

⑦『江戸町触集成』1-22巻　近世史料研究会編　塙書房　1994-2012
江戸で発令された町触を集めたもの。食べ物屋、振り売りなどについての記載も多い。

⑧『本朝食鑑』全5巻　人見必大著　島田勇雄訳・注　平凡社　1976-81
漢文で書かれた原本の現代訳。本草書だが庶民の食生活、産地、加工法なども記載。

⑨『日本山海名物図会』　平瀬徹斎著　長谷川光信画　名著刊行会　1979
江戸時代の食産業の概況をうかがい知ることができる物産図会。

⑩『日本山海名産図会』　蔀関月画　名著刊行会　1979
資料⑨の続編。江戸時代の各地の名産品について描かれた物産図会。

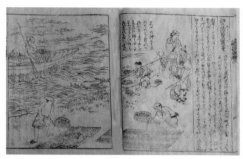

『日本山海名物図会』東京家政学院大学附属図書館所蔵

⑪『重宝記資料集成　料理・食物』1-3（第33-35巻）長友千代治編　臨川書店　2004-5
江戸期に著された食関連の重宝記類（家事等の啓発書）の影印本。

⑫『嬉遊笑覧』1-5　喜多村筠庭著　長谷川強ほか校訂　岩波書店　2002-9
江戸の暮らしを解き明かす江戸後期の考証随筆。食に関する記述も多数ある。

⑬『東都歳時記』全3巻　齊藤月岑著　朝倉治彦校注　平凡社　1970
絵入りで記された江戸の年中行事書。

⑭『武江年表』全3巻　齊藤月岑著　今井金吾校訂　筑摩書房 2003-4
武蔵国江戸（武江）の1590-1873年までの出来事を年表風にまとめた記録。
⑮『近世風俗志（守貞謾稿）』全5巻　喜田川守貞著　宇佐美英機校訂　岩波書店　1996-2002
大坂（現大阪）と江戸の庶民生活を詳細に記録したもの。
⑯『江戸府内　絵本風俗往来』　菊池貴一郎　青蛙房　1975
明治の成立だが、幕末生まれの筆者による江戸の年中行事を記載したもの。食べ物についての記載も多い。
⑰『徳川盛世録』　市岡正一　平凡社　1989
幕府に仕えた市岡による幕府の儀式書。諸家の法度などを記したもの。年中行事など絵入りで描かれている。

近・現代

①『明治百話』上・下　篠田鉱造　岩波書店　1996
明治時代の人々への聞き書き書。幕末の聞き書き『幕末百話』に続く書。
②『近代料理書集成　日本の食文化史』全13巻　江原絢子編・解説　クレス出版　2012-3
明治期から昭和戦中期にかけて出版された料理書の影印本。

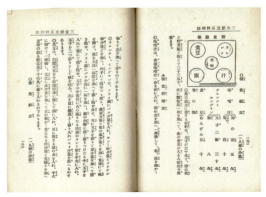

『三食献立及料理法』個人蔵

③『食材別料理書集成』全5巻　江原絢子編・解説　クレス出版　2017
　近代に出版された米・麦、いも・豆、野菜、魚介、肉・卵・乳の材料別料理書の影印本。

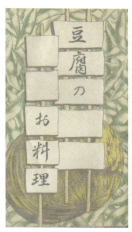 

『豆腐のお料理』『さつま芋お料理』個人蔵

④『重宝記資料集成』　明治以降5・6（第43・44巻）　長友千代治編　臨川書店　2005-7
　明治期に著された食関連の重宝記（家事等の啓発書）の影印本。
⑤『日本の食生活全集』全50巻　農山漁村文化協会　1984-93
　1930年前後の食生活について県ごとにまとめた聞き書き。
⑥『聞き書　ふるさとの家庭料理』全21巻　農山漁村文化協会　2002-4
　⑤をもとに、朝ご飯、正月料理などテーマごとにまとめなおした写真・解説書。
⑦『日本の食文化　昭和初期・全国食事習俗の記録』全2巻　成城大学民俗学研究所編　岩崎美術社　1990-5
　1941〜42年、柳田国男の民間伝承の会が実施した聞き書きによる全国食生活調査。
⑧『戦時下国民栄養の現況調査報告書』　清水勝嘉編・解説　不二

出版　1990

戦時下、厚生省研究所が行った食品、栄養、健康に関する調査
報告書の影印本。

⑨『日本人の食生活』　NHK世論調査部編　日本放送出版協会
1983

日本型食生活が提唱された頃の全国食生活調査。

⑩『崩食と放食－NHK日本人の食生活調査から』（生活人新書205）
NHK放送文化研究所世論調査部編　NHK出版　2006

⑨に続く全国食生活調査で比較考察されている。

⑪『子供時代と現在の食生活　調査研究報告書』　日本経済新聞社
産業地域研究所編　日本経済新聞社産業地域研究所　2015

20～60代・男女1000人の子供時代の食生活等のアンケート調査
をまとめた報告書（2015年に調査実施）。

※原則として現在比較的手に入れやすい出版物、翻刻、現代語訳、影印本
などを中心に紹介している。

(4) 年号表

大化	たいか	645 ～649
白雉	はくち	650 ～654
朱鳥	しゅちょう	686 ～696
大宝	たいほう	701 ～703
慶雲	けいうん	704 ～707
和銅	わどう	708 ～714
霊亀	れいき	715 ～716
養老	ようろう	717 ～723
神亀	じんき	724 ～728
天平	てんぴょう	729 ～748
天平感宝	てんぴょうかんぽう	749
天平勝宝	てんぴょうしょうほう	749 ～756
天平宝字	てんぴょうほうじ	757 ～764
天平神護	てんぴょうじんご	765 ～766
神護景雲	じんごけいうん	767 ～769
宝亀	ほうき	770 ～780
天応	てんおう	781
延暦	えんりゃく	782 ～805
大同	だいどう	806 ～809
弘仁	こうにん	810 ～823
天長	てんちょう	824 ～833
承和	じょうわ	834 ～847
嘉祥	かしょう	848 ～850
仁寿	にんじゅ	851 ～853
斉衡	さいこう	854 ～856
天安	てんあん	857 ～858
貞観	じょうがん	859 ～876
元慶	がんぎょう	877 ～884
仁和	にんな	885 ～888
寛平	かんぴょう	889 ～897
昌泰	しょうたい	898 ～900
延喜	えんぎ	901 ～922
延長	えんちょう	923 ～930
承平	じょうへい	931 ～937
天慶	てんぎょう	938 ～946
天暦	てんりゃく	947 ～956

天徳	てんとく	957 ～960
応和	おうわ	961 ～963
康保	こうほう	964 ～967
安和	あんな	968 ～969
天禄	てんろく	970 ～972
天延	てんえん	973 ～975
貞元	じょうげん	976 ～977
天元	てんげん	978 ～982
永観	えいかん	983 ～984
寛和	かんな	985 ～986
永延	えいえん	987 ～988
永祚	えいそ	989
正暦	しょうりゃく	990 ～994
長徳	ちょうとく	995 ～998
長保	ちょうほ	999 ～1003
寛弘	かんこう	1004 ～1011
長和	ちょうわ	1012 ～1016
寛仁	かんにん	1017 ～1020
治安	じあん	1021 ～1023
万寿	まんじゅ	1024 ～1027
長元	ちょうげん	1028 ～1036
長暦	ちょうりゃく	1037 ～1039
長久	ちょうきゅう	1040 ～1043
寛徳	かんとく	1044 ～1045
永承	えいしょう	1046 ～1052
天喜	てんぎ	1053 ～1057
康平	こうへい	1058 ～1064
治暦	じりゃく	1065 ～1068
延久	えんきゅう	1069 ～1073
承保	しょうほう	1074 ～1076
承暦	しょうりゃく	1077 ～1080
永保	えいほ	1081 ～1083
応徳	おうとく	1084 ～1086
寛治	かんじ	1087 ～1093
嘉保	かほう	1094 ～1095
永長	えいちょう	1096
承徳	しょうとく	1097 ～1098
康和	こうわ	1099 ～1103
長治	ちょうじ	1104 ～1105
嘉承	かじょう	1106 ～1107

天仁	てんにん	1108〜1109	
天永	てんえい	1110〜1112	
永久	えいきゅう	1113〜1117	
元永	げんえい	1118〜1119	
保安	ほうあん	1120〜1123	
天治	てんじ	1124〜1125	
大治	たいじ	1126〜1130	
天承	てんしょう	1131	
長承	ちょうしょう	1132〜1134	
保延	ほうえん	1135〜1140	
永治	えいじ	1141	
康治	こうじ	1142〜1143	
天養	てんよう	1144	
久安	きゅうあん	1145〜1150	
仁平	にんびょう	1151〜1153	
久寿	きゅうじゅ	1154〜1155	
保元	ほうげん	1156〜1158	
平治	へいじ	1159	
永暦	えいりゃく	1160	
応保	おうほ	1161〜1162	
長寛	ちょうかん	1163〜1164	
永万	えいまん	1165	
仁安	にんあん	1166〜1168	
嘉応	かおう	1169〜1170	
承安	じょうあん	1171〜1174	
安元	あんげん	1175〜1176	
治承	じしょう	1177〜1180	
養和	ようわ	1181	
寿永	じゅえい	1182〜1183	
元暦	げんりゃく	1184	
文治	ぶんじ	1185〜1189	
建久	けんきゅう	1190〜1198	
正治	しょうじ	1199〜1200	
建仁	けんにん	1201〜1203	
元久	げんきゅう	1204〜1205	
建永	けんえい	1206	
承元	しょうげん	1207〜1210	
建暦	けんりゃく	1211〜1212	
健保	けんぽ	1213〜1218	
承久	じょうきゅう	1219〜1221	
貞応	じょうおう	1222〜1223	

元仁	げんにん	1224	
嘉禄	かろく	1225〜1226	
安貞	あんてい	1227〜1228	
寛喜	かんぎ	1229〜1231	
貞永	じょうえい	1232	
天福	てんぷく	1233	
文暦	ぶんりゃく	1234	
嘉禎	かてい	1235〜1237	
暦仁	りゃくにん	1238	
延応	えんのう	1239	
仁治	にんじ	1240〜1242	
寛元	かんげん	1243〜1246	
宝治	ほうじ	1247〜1248	
建長	けんちょう	1249〜1255	
康元	こうげん	1256	
正嘉	しょうか	1257〜1258	
正元	しょうげん	1259	
文応	ぶんおう	1260	
弘長	こうちょう	1261〜1263	
文永	ぶんえい	1264〜1274	
建治	けんじ	1275〜1277	
弘安	こうあん	1278〜1287	
正応	しょうおう	1288〜1292	
永仁	えいにん	1293〜1298	
正安	しょうあん	1299〜1301	
乾元	けんげん	1302	
嘉元	かげん	1303〜1305	
徳治	とくじ	1306〜1307	
延慶	えんきょう	1308〜1310	
応長	おうちょう	1311	
正和	しょうわ	1312〜1316	
文保	ぶんぽ	1317〜1318	
元応	げんおう	1319〜1320	
元亨	げんこう	1321〜1323	
正中	しょうちゅう	1324〜1325	
嘉暦	かりゃく	1326〜1328	
元徳	げんとく	1329〜1331	
正慶	しょうきょう	1332〜1333	
建武	けんむ	1334〜1337	
暦応	りゃくおう	1338〜1341	
康永	こうえい	1342〜1344	

貞和	じょうわ	1345〜1349	
観応	かんのう	1350〜1351	
文和	ぶんな	1352〜1355	
延文	えんぶん	1356〜1360	
康安	こうあん	1361	
貞治	じょうじ	1362〜1367	
応安	おうあん	1368〜1374	
永和	えいわ	1375〜1378	
康暦	こうりゃく	1379〜1380	
永徳	えいとく	1381〜1383	
至徳	しとく	1384〜1386	
嘉慶	かきょう	1387〜1388	
康応	こうおう	1389	
明徳	めいとく	1390〜1393	
応永	おうえい	1394〜1427	
正長	しょうちょう	1428	
永享	えいきょう	1429〜1440	
嘉吉	かきつ	1441〜1443	
文安	ぶんあん	1444〜1448	
宝徳	ほうとく	1449〜1451	
享徳	きょうとく	1452〜1454	
康正	こうしょう	1455〜1456	
長禄	ちょうろく	1457〜1459	
寛正	かんしょう	1460〜1465	
文正	ぶんしょう	1466	
応仁	おうにん	1467〜1468	
文明	ぶんめい	1469〜1486	
長享	ちょうきょう	1487〜1488	
延徳	えんとく	1489〜1491	
明応	めいおう	1492〜1500	
文亀	ぶんき	1501〜1503	
永正	えいしょう	1504〜1520	
大永	たいえい	1521〜1527	
享禄	きょうろく	1528〜1531	
天文	てんぶん	1532〜1554	
弘治	こうじ	1555〜1557	
永禄	えいろく	1558〜1569	
元亀	げんき	1570〜1572	
天正	てんしょう	1573〜1591	
文禄	ぶんろく	1592〜1595	
慶長	けいちょう	1596〜1614	

元和	げんな	1615〜1623
寛永	かんえい	1624〜1643
正保	しょうほ	1644〜1647
慶安	けいあん	1648〜1651
承応	じょうおう	1652〜1654
明暦	めいれき	1655〜1657
万治	まんじ	1658〜1660
寛文	かんぶん	1661〜1672
延宝	えんぽう	1673〜1680
天和	てんな	1681〜1683
貞享	じょうきょう	1684〜1687
元禄	げんろく	1688〜1703
宝永	ほうえい	1704〜1710
正徳	しょうとく	1711〜1715
享保	きょうほう	1716〜1735
元文	げんぶん	1736〜1740
寛保	かんぽう	1741〜1743
延享	えんきょう	1744〜1747
寛延	かんえん	1748〜1750
宝暦	ほうれき	1751〜1763
明和	めいわ	1764〜1771
安永	あんえい	1772〜1780
天明	てんめい	1781〜1788
寛政	かんせい	1789〜1800
享和	きょうわ	1801〜1803
文化	ぶんか	1804〜1817
文政	ぶんせい	1818〜1829
天保	てんぽう	1830〜1843
弘化	こうか	1844〜1847
嘉永	かえい	1848〜1853
安政	あんせい	1854〜1859
万延	まんえん	1860
文久	ぶんきゅう	1861〜1863
元治	げんじ	1864
慶応	けいおう	1865〜1867
明治	めいじ	1868〜1911
大正	たいしょう	1912〜1925
昭和	しょうわ	1926〜1988
平成	へいせい	1989〜2018
令和	れいわ	2019〜

(5) 行事・行事食とその背景──自然への感謝と祈り

自然のなかに神が存在し、その自然によって人は生かされていると信じ、自然に畏敬の念と感謝の念を持ち豊作、健康長寿を願い、災いを避けることを祈ってきた。

行事、人生儀礼の食は自然にある神に捧げるおもてなし。家族や地域と作り、それを供えたのちに共食する直会（神人共食）を通して絆を深め、神に保護されると信じ、謙虚なくらしを営んできた。これが行事と行事食の背景にあり、行事の種類や行事食は地域により異なることも多い。

五節供：江戸幕府が公式行事として定めた年中行事。中国から伝来し、平安貴族のなかで日本古来の信仰などと結びついて年中行事となった節会がもとになっている。
　　　人日、上巳、端午、七夕、重陽の5つ。
　　　※節供は、現在節句とも表記される。
二十四節気：1年を24に分類して季節の節目を示したもの。
　　　立春、秋分、夏至、冬至など。
雑節：上記以外の季節の節目。節分、彼岸など。

①主な年中行事の背景と行事食例

1月

1〜7日　正月：歳徳神（歳神様）を迎え、その年の健康や豊作などを祈る行事。旧暦では、歳徳神を迎えるのは大晦日であったために、年越しの晩に祝い膳を用意する地域もある。門松やしめなわは神の来訪の標。とくに鏡餅は神の依り代、象徴として供え、鏡開きでそれを割り小豆汁などにする。
　　　──屠蘇、雑煮、おせち料理（田作り、数の子、黒豆など）

7日　七草（人日の節供）：前夜七種の菜を包丁でたたきながら、囃子をして厄を払い、翌朝粥に入れ、自然の芽吹きをいただいて活気を得たいと祈った。以前は七種と書いた。春の七草はせり、なずな、ごぎょう、はこべら、ほとけのざ、すずな、すずしろが一般化したが、諸説がある。地域により入れる菜

や種類数が異なる。

　　　──七草粥

15日　小正月：健康、豊作などを祈願。歳神様が帰っていくために左義長（どんど焼）をする。

　　　──餅花（繭玉・団子花：小さい餅）を飾る。小豆粥

2月

3日　節分：立春の前日。年のはじめや1年の無事を祈る、天候を占う。

　　　──豆まき、いわしを焼いて柊にさし戸口に飾って魔よけとする。恵方巻は、近代の関西の花街で香の物を芯にした海苔巻きを丸のまま食べたとの説もあるが、流行したのは最近である。

最初の午の日　初午：最初の午の日。お稲荷様（稲荷神社）を祭る。稲の実りを約束する神様、大漁の神、商売繁盛の神、養蚕の神、馬の神。

　　　──油あげ、いなりずし

3月

3日　雛祭り（上巳の節供）：厄を払い子ども、とくに女の子の成長を祈る。ひな壇に桃の花、食事を供えて共食する。

　　　──ちらしずし、はまぐりの吸物、白酒、草餅、菱餅、あこや（いただき、引千切など）

21日頃　春分：彼岸の中日で昼と夜の長さが同じ。先祖祭り。

　　　──ぼたもち（小豆餡をぼたもち、きな粉をつけたものをおはぎとする地域、牡丹の頃に作るのをぼたもち、萩の頃に作るのをおはぎというところなどあり）

4月

花見：農事の神へのおもてなし。農事を占う。

　　　──花見弁当、桜餅など

8日　花まつり：お釈迦様の誕生日。

　　　──甘茶

5月

5日　子どもの日（端午の節供）：鯉のぼりは田植えの神様を迎える目印。とくに男の子の成長を祈る。菖蒲は魔よけ。

　　　──粽、柏餅

6月
  30日　夏越の祓：神社境内の茅の輪をくぐることで半年分のけがれを祓う。
    ——和菓子水無月
7・8月
  7日　七夕（七夕の節供）：笹竹に願いを込めた短冊を飾る。
    ——そうめん
  13〜16日　盂蘭盆会（お盆）：先祖の霊魂（おしょうろう様）が子孫の元に帰る日から戻る日までをいう。茄子と胡瓜で送り迎えする牛馬を作り家族が集まり供食しながら霊を供養する。
    ——団子、そうめん、精進料理（8月に行われることも多い）
  7月20日〜8月初　丑の日：うなぎを食べると夏負けしないとされ、江戸時代のうなぎ屋の宣伝により始まったとされる。
9月
  9日　重陽の節供（菊の節供とも）：菊の花は不老長寿の力があると考えられた。
    ——菊酒、栗飯、栗おこわ
  15日　中秋の名月（芋名月）：旧暦の8月15日満月の日、収穫を祝ってお供えをした。
    ——団子、里芋
  23日頃　秋分：昼と夜の長さが同じ秋の彼岸の中日。先祖祭り。
    ——おはぎ（またはぼたもち。165頁「春分」参照）
10月
  10日　亥の子・十日夜：子どもたちが畑に害のあるモグラなどを追い払うまじないなどを行う。大根の収穫期。
    ——亥の子餅

20日　えびす講：商売繁盛の神えびす様をもてなす。
　　――二股大根、野菜、果物、べったら漬け
11月
15日　七五三：次頁参照
12月
22日頃　冬至：かぼちゃやあずきで邪気を払い、力を回復し春を迎える。柚子湯に入ると風邪をひかないとされた。
　　――かぼちゃ、柚子
24・25日　クリスマス：明治以降、西洋文化の影響を受けて受容し独自の行事食を定着させてきた。
　　――クリスマスケーキ、ローストチキン
31日　大晦日：歳徳神（歳神様）を迎えるためにすす払い、餅つきなどを終えたのち、1年の終わりを祝う。
　　――年越しそばは昭和に大晦日に食する習慣が広がった比較的新しい習慣。年取り魚（東日本鮭、西日本ぶり）を食す習慣が残されている地域もある。

②通過儀礼と儀礼食例

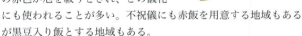

　人が生まれてから死を迎えるまでの節目、節目に行われる儀式。邪気を祓うとされる赤飯が用意されることが多い。小豆やささげ入りの赤飯の赤色が厄を祓うとされ、どの儀礼にも使われることが多い。不祝儀にも赤飯を用意する地域もあるが黒豆入り飯とする地域もある。

誕生：赤飯
お七夜：赤飯、尾頭付き魚
お食い初め：生まれて100日目くらい。
　　――一汁三菜の祝い膳。歯が生えそろうように膳に小石をのせる
初節供：1年目の誕生日。一升の米でついた餅を負わせ丈夫に育つよう祈る。
　　――赤飯

七五三：女の子は3歳と7歳、男の子は5歳で神社に参りお祓いをして将来の無事を祈る。

　　——千歳あめ

成人の日：現在は20歳が成人式。以前は男子15歳で元服、女子13歳で髪上が行われ大人として認められた。

　　——赤飯、酒

婚礼：現在は様々な形があるが、通過儀礼のなかでも家族、親戚にとって大きな儀式のため、本膳料理などを中心とした儀礼が昭和30年頃まで続いたところも多い。

　　——赤飯、尾頭付き鯛など

年祝い：還暦、古希、喜寿、米寿など厄を祓うとともに長寿を祝う。

　　——赤飯、餅

葬儀：人生の最後の儀礼。仏教では通夜やお斎には、精進料理が出されたが現在は、かなり内容が変化している。

　　——赤飯や黒豆飯、煮しめ、白和え、精進揚げ

年忌：定められた年に故人に対して営まれる法要。宗教により内容や呼び方は異なる。

和食の歳時記　季語を通じて

三春　〈初春・仲春・晩春〉

生活　青饅（あおぬた）　慈姑掘る（くわいほる）　木の芽和（きのめあえ）　蜆汁（しじみじる）　白子干（しらすぼし）　摘草（つみくさ）　田楽（でんがく）　菜飯（なめし）　干鱈（ひだら）　目刺（めざし）

動物　鮎並（あいなめ）　赤貝（あかがい）　浅蜊（あさり）　烏貝（からすがい）　桜貝（さくらがい）　栄螺（さざえ）　鱵（さより）　蜆（しじみ）　田螺（たにし）　常節（とこぶし）　鳥貝（とりがい）　蛤（はまぐり）　春鰯（はるいわし）　北寄貝（ほっきがい）　馬蛤貝（まてがい）　めじ　眼張（めばる）　諸子（もろこ）

植物　石蓴（あおさ）　青麦（あおむぎ）　紫蘇の芽（しそのめ）　春菊（しゅんぎく）　芹（せり）　萵苣（レタス類）（ちさ）　ネーブル　八朔柑（はっさくかん）　鹿尾菜（ひじき）　三葉芹（みつばぜり）　海雲（もずく）　蓬（よもぎ）　若芽（わかめ）

初春　〈立春（2月4日頃）（りっしゅん）から啓蟄（3月6日頃）（けいちつ）の前日まで〉

生活　鶯餅（うぐいすもち）　海苔搔く（のりかく）　花菜漬（はななづけ）　蕗味噌（ふきみそ）　蕨餅（わらびもち）

動物　飯蛸（いいだこ）　白魚（しらうお）　公魚（わかさぎ）

植物　慈姑（くわい）　種芋（たねいも）　海苔（のり）　菠薐草（ほうれんそう）　蕗の薹（ふきのとう）　水菜（みずな）　壬生菜（みぶな）

仲春　〈啓蟄（3月6日頃）（けいちつ）から清明（4月5日頃）（せいめい）の前日まで〉

生活　芋植う（いもうう）　木の実植う（きのみうう）　草餅（くさもち）　馬鈴薯植う（じゃがいもうう）　干鰈（ほしがれい）　蒸鰈（むしがれい）　蕨狩（わらびがり）

動物　子持鯊（こもちはぜ）

植物　胡葱（あさつき）　山椒の芽（さんしょうのめ）　薇（ぜんまい）　楤の芽（たらのめ）　土筆（つくし）　韮（にら）　蒜（にんにく）　春大根（はるだいこん）　蕨（わらび）

晩春　〈清明（4月5日頃）（せいめい）から立夏（5月6日頃）（りっか）の前日まで〉

生活　果樹植う（かじゅうう）　南瓜蒔く（かぼちゃまく）　聞茶（ききちゃ）　牛蒡蒔く（ごぼうまく）　蒟蒻植う（こんにゃくうう）　桜漬（さくらづけ）　桜餅（さくらもち）　汐干狩（しおひがり）　製茶（せいちゃ）　茶摘（ちゃつみ）　蓮植う（はすうう）

動物　鮊子（いかなご）　雲丹（うに）　桜蝦（さくらえび）　桜鯛（さくらだい）　鰆（さわら）　鰊（にしん）　蛍烏賊（ほたるいか）　鱒（ます）　鮭五郎（むつごろう）　若鮎（わかあゆ）

植物　明日葉（あしたば）　アスパラガス　独活（うど）　松露（しょうろ）　葱坊主（ねぎぼうず）

春の筍　茗荷茸　山葵

三夏　〈初夏・仲夏・晩夏〉

生活　アイスコーヒー　朝茶の湯　甘酒　飴湯　淡雪羹
梅干　瓜漬　瓜揉　伽羅蕗　錦玉糖　葛桜　葛餅
氷水　昆布刈　砂糖水　塩数の子　焼酎　新酒
火入　新節　茄子漬　茄子の鴫焼　生節　煮梅
鱧の皮　ビール　冷酒　氷菓　風炉茶　干河豚
水羊羹　麦湯

動物　鯵　穴子　鮎　鮑　烏賊　いさき　石鯛　石首魚
いなだ　岩魚　鰻　虎魚　鰹　蟹　皮剝　かんぱち
鱚　海月　黒鯛　源五郎鮒　鯒　鯖　舌平目
蝦蛄　たかべ　蛸　手長蝦　飛魚　夏鰊　虹鱒
鱧　姫鱒　平鰤　べら　帆立貝　海鞘　めごち
やまべ　山女

植物　恵古海苔　胡瓜　昆布　蓴菜　水前寺海苔　玉葱
夏蕪　夏大根　パセリ　バナナ　海蘿　辣韮

初夏　〈立夏（5月6日頃）から芒種（6月6日頃）の前日まで〉

生活　柏餅　古茶　菖蒲酒　新茶　筍飯　端午　粽
茄子苗植う　菜種刈　豆飯　身欠鰊　麦打

動物　初鰹

植物　苺　豌豆　甘藍　木苺　新馬鈴薯　すぐりの実
蚕豆　筍　夏蜜柑　夏蕨　浜豌豆　日向柑　蕗
麦

仲夏　〈芒種（6月6日頃）から小暑（7月7日頃）の前日まで〉

生活　梅酒　白玉　鮨　ゼリー　田植　田草取　心太
麦飯　茹小豆

動物　黒鯛　飛魚　麦藁蛸

植物　青梅　杏　隠元豆　木耳　クレソン　桑の実

171 和食手帖

小梅（こうめ）　さくらんぼ　紫蘇（しそ）　新生姜（しんしょうが）　李（すもも）　高菜（たかな）
生葱（なまねぎ）　天草（てんぐさ）　泥鰌隠元（どじょういんげん）　夏茱萸（なつぐみ）　夏大根（なつだいこん）　夏葱（なつねぎ）
葫（にんにく）　枇杷（びわ）　実梅（みうめ）　山桜梅（ゆすら）　辣韮（らっきょう）

晩夏（しょうしょ）　〈小暑（7月7日頃）から立秋（8月8日頃）の前日まで〉
生活　かちわり　干瓢剝く（かんぴょうむく）　醬油作る（しょうゆつくる）　西瓜割（すいかわり）　酢作る（すつくる）
　　　土用餅（どようもち）　夏越（なごし）　納豆造る（なっとうつくる）　奈良漬製す（ならづけせいす）　醬作る（ひしおつくる）
　　　冷し瓜（ひやしうり）　麦刈（むぎかり）
植物　青柿（あおがき）　青山椒（あおさんしょう）　青唐辛子（あおとうがらし）　青葡萄（あおぶどう）　青柚（あおゆ）
　　　青林檎（あおりんご）　瓜（うり）　早松茸（さまつたけ）　早桃（さもも）　紫蘇（しそ）　新生姜（しんしょうが）
　　　トマト　茄子（なす）　夏豆（なつまめ）　パイナップル　蓮（はす）
　　　真桑瓜（まくわうり）　茗荷の子（みょうがのこ）　メロン

三秋　〈初秋・中秋・晩秋〉
生活　枝豆（えだまめ）　とろろ汁（じる）　鱩釣（はぜつり）
動物　秋鯵（あきあじ）　秋鰹（あきがつお）　秋鯖（あきさば）　蝗（いなご）　鰯（いわし）　落鮎（おちあゆ）　鰍（かじか）　鮗（このしろ）　鮭（さけ）　鱸（すずき）
　　　宗太鰹（そうだがつお）　太刀魚（たちうお）　鮫（さめ）　鰉（ひごい）　鯔（いな）　わらさ
植物　青蜜柑（あおみかん）　秋茄子（あきなす）　稲（いね）　芋（いも）　陸稲（おかぼ）　オクラ　南瓜（かぼちゃ）
　　　草の実（くさのみ）　葛（くず）　木の実（このみ）　椎茸（しいたけ）　自然薯（じねんじょ）　生姜（しょうが）
　　　仏掌薯（つくねいも）　唐辛子（とうがらし）　薯蕷（ながいも）　梨（なし）　初茸（はつたけ）　糸瓜（へちま）

初秋（りっしゅう）　〈立秋（8月8日頃）から白露（はくろ）（9月8日）の前日まで〉
生活　豇豆飯（ささげめし）　刺鯖（さしさば）　新豆腐（しんどうふ）　大豆干す（だいずほす）　七夕（たなばた）　茄子の馬（なすのうま）
　　　七日の御節供（なぬかのおんせちく）　蓮の飯（はすのめし）　盆（ぼん）　豆引く（まめひく）
植物　通草（あけび）　麻の実（あさのみ）　隠元豆（いんげんまめ）　豇豆（ささげ）　山椒の実（さんしょうのみ）
　　　新小豆（しんあずき）　西瓜（すいか）　冬瓜（とうが）　刀豆（なたまめ）　棗の実（なつめのみ）　鳩麦（はとむぎ）
　　　藤豆（ふじまめ）　ホップ　桃の実（もものみ）　山葡萄（やまぶどう）

仲秋（はくろ）　〈白露（9月8日）から寒露（かんろ）（10月8日）の前日まで〉
生活　粟刈る（あわかる）　衣被（きぬかつぎ）　栗飯（くりめし）　御難の餅（ごなんのもち）　胡麻刈る（ごまかる）

とんぶり　八朔の祝（はっさくのいわい）　糸瓜の水取る（へちまのみずとる）　松茸飯（まつたけめし）

動物　初鴨（はつがも）

植物　粟（あわ）　貝割菜（かいわりな）　黍（きび）　胡麻（ごま）　石榴（ざくろ）　甘藷（さつまいも）　甘蔗（さとうきび）
　紫蘇の実（しそのみ）　新大豆（しんだいず）　芋茎（ずいき）　玉蜀黍（とうもろこし）　蓮の実（はすのみ）
　葉唐辛子（はとうがらし）　稗（ひえ）　葡萄（ぶどう）　舞茸（まいたけ）　間引菜（まびきな）　零余子（むかご）
　早稲（わせ）

晩秋　〈寒露（かんろ）（10月8日）から立冬（りっとう）（11月7日頃）の前日まで〉

生活　秋収め（あきおさめ）　浅漬大根（あさづけだいこん）　温め酒（あたためざけ）　烏賊干す（いかほす）　稲刈（いねかり）
　稲抜き（いねぬき）　稲干す（いねほす）　芋煮会（いもにかい）　鰯引く（いわしひく）　うるか
　柿羊羹（かきようかん）　搗栗作る（かちぐりつくる）　芥子菜蒔く（からしなまく）　鱲子（からすみ）　菊膾（きくなます）
　菊の酒（きくのさけ）　きりたんぽ　葛掘る（くずほる）　栗の子餅（くりのこもち）　栗羊羹（くりようかん）
　古酒（こしゅ）　牛蒡引く（ごぼうひく）　鮭打（さけうち）　鹿狩（ししがり）　新麹（しんこうじ）　新酒（しんしゅ）
　新蕎麦（しんそば）　新米（しんまい）　大根蒔く（だいこんまく）　種採（たねとり）　俵編（たわらあみ）　栃餅（とちもち）
　濁酒（にごりざけ）　初猟（はつりょう）　菱取る（ひしとる）　葡萄酒醸す（ぶどうしゅかもす）　干柿（ほしがき）
　零余子飯（むかごめし）　籾（もみ）　籾摺（もみすり）　野菜の秋蒔き（やさいのあきまき）　柚餅子（ゆべし）
　柚味噌（ゆみそ）

動物　落鰻（おちうなぎ）　落鯛（おちだい）　落鮒（おちぶな）　木の葉山女（このはやまめ）　秋刀魚（さんま）
　花咲蟹（はなさきがに）　ひいらぎ　紅葉鯛（もみじだい）　紅葉鮒（もみじぶな）

植物　秋茱萸（あきぐみ）　無花果（いちじく）　銀杏散る（いちょうちる）　晩稲（おくて）　落穂（おちぼ）
　オリーブの実（み）　火焔菜（かえんさい）　柿（かき）　槙櫨の実（かりんのみ）
　川苔（かわのり）　茸（きのこ）　金柑（きんかん）　銀杏（ぎんなん）　枸杞の実（くこのみ）　栗（くり）　胡桃（くるみ）
　信濃柿（しなのがき）　湿地茸（しめじ）　熟柿（じゅくし）　酸橘（すだち）　橘（たちばな）　種茄子（たねなす）
　橡の実（とちのみ）　中稲（なかて）　初滑子（はつなめこ）　松茸（まつたけ）　榠樝（まるめろ）　山梨（やまなし）
　柚子（ゆず）　落花生（らっかせい）　林檎（りんご）　檸檬（れもん）

三冬　〈初冬・仲冬・晩冬〉

生活　網代（あじろ）　熱燗（あつかん）　鮟鱇鍋（あんこうなべ）　石狩鍋（いしかりなべ）　今川焼（いまがわやき）　藷粥（いもがゆ）
　おでん　貝焼（かいやき）　粕汁（かすじる）　蕪汁（かぶらじる）　蕪鮨（かぶらずし）　蕪蒸（かぶらむし）
　釜揚饂飩（かまあげうどん）　乾鮭（からさけ）　茎漬（くきづけ）　鯨鍋（くじらなべ）　葛湯（くずゆ）　巻繊汁（けんちんじる）

甲羅煮（こうらに）　海鼠腸（このわた）　桜鍋（さくらなべ）　薩摩汁（さつまじる）　三平汁（さんぺいじる）　塩鰹（しおがつお）

塩鮭（しおざけ）　塩鰤（しおぶり）　じぶ　生姜酒（しょうがざけ）　生姜味噌（しょうがみそ）　生姜湯（しょうがゆ）

塩汁鍋（しょつるなべ）　成吉思汗鍋（じんぎすかんなべ）　鋤焼（すきやき）　杉焼（すぎやき）　酢漬（すづけ）　鼈鍋（すっぽんなべ）

酢海鼠（すなまこ）　芹焼（せりやき）　千枚漬（せんまいづけ）　雑炊（ぞうすい）　蕎麦掻（そばがき）　蕎麦湯（そばゆ）

鯛焼（たいやき）　沢庵漬（たくあんづけ）　狸汁（たぬきじる）　玉子酒（たまござけ）　ちり鍋（ちりなべ）　泥鰌掘る（どじょうほる）

納豆（なっとう）　納豆汁（なっとうじる）　鍋焼（なべやき）　煮凝（にこごり）　葱汁（ねぎじる）　葱鮪（ねぎま）　寝酒（ねざけ）

濃餅汁（のっぺいじる）　鰭酒（ひれざけ）　蒸飯（ふかしめし）　河豚汁（ふぐじる）　鰤網（ぶりあみ）　餅搗（もちつき）

風呂吹（ふろふき）　捕鯨（ほげい）　干菜汁（ほしなじる）　牡丹鍋（ぼたんなべ）

ホットドリンクス　松葉酒（まつばざけ）　味噌搗（みそつき）　蒸鮓（むしずし）

蒸饅頭（むしまんじゅう）　紅葉鍋（もみじなべ）　焼薯（やきいも）　闇汁（やみじる）　湯豆腐（ゆどうふ）　寄鍋（よせなべ）

夜鷹蕎麦（よたかそば）　蠟燭焼（ろうそくやき）

動物　甘鯛（あまだい）　鮟鱇（あんこう）　金糸魚（いとより）　海豚（いるか）　潤目鰯（うるめいわし）　牡蠣（かき）　旗魚（かじき）

寒鰡（かんぼら）　金目鯛（きんめだい）　鯨（くじら）　助惣鱈（すけそうだら）　ずわい蟹（ずわいがに）　玉珧（たいらぎ）

だぼ鯊（だぼはぜ）　鱈（たら）　鱈場蟹（たらばがに）　海鼠（なまこ）　鮃（ひらめ）　河豚（ふぐ）　舞鯛（ぶだい）　鰤（ぶり）

鮄鰤（ほうぼう）　鮪（まぐろ）　鰹（まながつお）　海松喰（みるくい）　鯥（むつ）　目抜（めぬけ）

植物　海老芋（えびいも）　柿落葉（かきおちば）　蕪（かぶ）　寒茸（かんたけ）　朱欒（ざぼん）　セロリ　大根（だいこん）

橙（だいだい）　滑子（なめこ）　人参（にんじん）　葱（ねぎ）　白菜（はくさい）　花椰菜（はなやさい）（カリフラワー）　ブロッコリー　椪柑（ぽんかん）　蜜柑（みかん）　芽キャベツ

山葵大根（わさびだいこん）

初冬　〈立冬（りっとう）（11月7日頃）から大雪（たいせつ）（12月7日頃）の前日まで〉

生活　蕪引（かぶらびき）　切干（きりぼし）　七五三（しちごさん）　蕎麦刈（そばがり）　大根引（だいこんひき）　大根干す（だいこんほす）

杜氏来たる（とうじきたる）　蓮根掘る（はすねほる）　干菜（ほしな）　麦蒔（むぎまき）

動物　落鱚（おちぎす）　落鱸（おちすずき）　柳葉魚（ししゃも）　霜降かます（しもふりかます）

植物　榎茸（えのきだけ）　寒竹の子（かんちくのこ）　麦の芽（むぎのめ）　紫（むらさき）　甘藍（かんらん）　山牛蒡（やまごぼう）

仲冬　〈大雪（たいせつ）（12月7日頃）から小寒（しょうかん）（1月5日頃）の前日まで〉

生活　霰餅（あられもち）　甘蔗刈（かんしょがり）　蒟蒻掘る（こんにゃくほる）　冬至粥（とうじがゆ）　晦日蕎麦（みそかそば）　柚子湯（ゆずゆ）

動物　霜月鰈（しもつきがれい）　初鱈（はつたら）　初鰤（はつぶり）

植物	寒独活（かんうど）

晩冬　〈小寒（しょうかん）（1月5日頃）から立春（りっしゅん）（2月4日頃）の前日まで〉

生活	寒晒（かんざらし）　寒造（かんづくり）　寒天造る（かんてんつくる）　寒餅（かんもち）　葛晒し（くずさらし）
	氷餅造る（こおりもちつくる）　蒟蒻氷らす（こんにゃくごおらす）　採水（さいひょう）　凍豆腐造る（しみどうふつくる）
	新海苔（しんのり）　豆蒔（まめまき）　水餅（みずもち）
動物	寒烏賊（かんいか）　寒鯉（かんごい）　寒蜆（かんしじみ）　寒鯛（かんだい）　寒鮒（かんぶな）　寒鰤（かんぶり）　八目鰻（やつめうなぎ）
植物	寒芹（かんぜり）　寒海苔（かんのり）　黒海苔（くろのり）　冬蕨（ふゆわらび）

新年

生活	小豆粥（あずきがゆ）　芋頭（いもがしら）　大服（おおぶく）　押鮨（おしあゆ）　鏡開（かがみびらき）　鏡餅（かがみもち）　掛鯛（かけだい）
	飾白（かざりうす）　飾海老（かざりえび）　飾納（かざりごめ）　飾米（かず）　数の子（こ）　切山椒（きりざんしょう）
	喰積（くいつみ）　串柿飾る（くしがきかざる）　小鰭の泡漬（こはだ）（あわづけ）　ごまめ　新年会（しんねんかい）
	据り鯛（すわりだい）　節振舞（せちぶるまい）　雑煮（ぞうに）　大根祝う（だいこんいわう）　田作り（たづくり）
	年の餅（としのもち）　屠蘇（とそ）　七種（ななくさ）　熨斗（のし）　海蠃の身（ばいのみ）　初炊ぎ（はつかしぎ）
	初釜（はつがま）　初竈（はつかまど）　初漁（はつりょう）　太箸（ふとばし）　俎始（まないたはじめ）　結昆布（むすびこんぶ）
	餅開（もちあい）　餅花（もちばな）　若菜摘（わかなつみ）　若水（わかみず）
動物	伊勢海老（いせえび）
植物	御業（おぎょう）（ははこぐさ）　鏡草（かがみぐさ）（だいこん）　蘿蔔（すずしろ）（だいこん）
	菘（すずな）（かぶら）　薺（なずな）　根白草（ねじろぐさ）（せり）　繁縷（はこべら）　穂俵（ほだわら）
	仏の座（ほとけ）（ぎ）　若菜（わかな）

和食の旅日記

場所・日時

誰と

料理・メニュー

コメント

和食の旅日記

場所・日時

誰と

料理・メニュー

コメント

場所・日時

誰と

料理・メニュー

コメント

場所・日時

誰と

料理・メニュー

コメント

場所・日時

誰と

料理・メニュー

コメント

和食の旅日記

場所・日時

誰と

料理・メニュー

コメント

場所・日時

誰と

料理・メニュー

コメント

和食の旅日記

場所・日時

誰と

料理・メニュー

コメント

場所・日時

誰と

料理・メニュー

コメント

和食の旅日記

場所・日時

誰と

料理・メニュー

コメント

場所・日時

誰と

料理・メニュー

コメント

和食の旅日記

場所・日時

誰と

料理・メニュー

コメント

場所・日時

誰と

料理・メニュー

コメント

執筆者

一般社団法人 和食文化国民会議　調査・研究部会メンバー（◎印：編集委員）

◎江原絢子・海老原誠治・◎大久保洋子・清 絢・後藤加寿子・須田 満・中澤弥子・東四柳祥子・福留奈美・◎的場輝佳・森岡浩美・渡邊智子

主な参考図書

新版総合調理科学事典：日本調理科学会編、光生館、2006

日本食品大事典：杉田浩一・田島眞・平宏和・安井明美編、医歯薬出版、2003

日本酒事典：長谷川浩一監修、学研パブリッシング、2014

日本産魚名大辞典：日本魚類学会編、三省堂、1981

原色陶器大辞典：加藤唐九郎編、淡交社、1972

民俗小事典　食：新谷尚紀・関沢まゆみ編、吉川弘文館、2013

改訂食品事典 第12（料理器具）：河野友美編、真珠書院、1975

改訂調理用語辞典：全国調理師養成施設協会編、社団法人全国調理師養成施設協会、1999

都道府県別地方野菜大全：芦沢正和監修、タキイ種苗出版部編、農山漁村文化協会、2002

食材図典：小学館、1995

全国の日本酒大図鑑　東日本編・西日本編：友田晶子・日本酒サービス研究会・酒匠研究会連合会監修、マイナビ出版、2016

地域食材大百科　第2-5巻：農山漁村文化協会、2010-2011

日本各地食べもの地図：帝国書院編集部、帝国書院、2011

砂糖百科：高田明和・橋本仁・伊藤汎監修、糖業協会、2003

在来作物を受け継ぐ人々──種子は万人のもの：増田昭子著、農山漁村文化協会、2013

ブック：長尾精一、幸書房、2011

小麦粉の工学：小川正・的場輝佳編、南江

新しい魚の便利帳：藤原昌高著、高
10

からだによく効く旬の食材：講談社、

菜の本──からだにやさしい旬の食材：講談
社、2013

日本の食材帖──野菜・魚・肉：山本謙治・ぼう
ずコンニャク監修、主婦と生活社、2009

素材よろこぶ調味料の便利帳：高橋書店、2012

だしの科学：的場輝佳・外内尚人編、朝倉書店、
2017

合本俳句歳時記（第四版）：角川学芸出版、2008

日本大歳時記　春・夏・秋・冬・新年：水原秋桜
子ほか監修、講談社、1981-1982

生活ごよみ　春・夏・秋・冬・正月：千宗室・千
登三子監修、講談社、1986-1987

「まつり」の食文化：神崎宣武著、角川学芸書
店、2005

基本季語五〇〇選：山本健吉著、講談社、1989

武者小路千家ゆかりの京の味と季の心：千澄子・
後藤加寿子著、集英社、2006

箸の文化史：一色八郎著、御茶の水書房、1990

日本の食文化史年表：江原絢子・東四柳祥子編、
吉川弘文館、2011

群書類従　第26輯雑部：塙保己一編、続群書類
従完成会、1932

和食文化ブックレット　全10巻：和食文化国民
会議監修、2015-

ホームページ等

農林水産省、厚生労働省、e-Gov 法令（総務省
行政管理局運営）、日本昆布協会、全日本漬物協
同組合連合会他

あとがき

　本手帖は、和食について何かを知りたくなったとき、開□□□
に情報が得られる"手軽な事典"として編纂されました。和□□
の歴史、和食の形式、調理器具や方法、マナー、地域の食□□
旬、郷土の料理などの項目について整理いたしました。（一社）和□□
文化国民会議調査・研究部会のメンバーがそれぞれの専門分野を
分担して執筆しましたが、和食の世界は奥が深く範囲も広いため、
読者が求める内容のすべてを本手帖に収め切れていないこともある
かと存じます。また、食材の旬や産地、地域の料理に関する情報も
時の流れとともに変化しています。読者の皆さんからの忌憚のないご
意見・ご助言をいただき、改訂してより完全な手帖にしたいと念願
しております。

　ポケットやバッグに忍ばせ、日常の生活の中で、旅をしたときなど
に、和食の話題が広がる知恵袋になれば幸いです。

わしょくてちょう
和食手帖

2018（平成30）年7月30日発行
2019（令和元）年7月30日第2刷

監修者	一般社団法人 和食文化国民会議
発行者	田中　大
発行所	株式会社 思文閣出版
	〒605-0089 京都市東山区元町 355
	電話　075-533-6860（代表）
ブックデザイン	尾崎閑也
イラストレーション	石田尊司
印刷・製本	亜細亜印刷株式会社

©Printed in Japan 2018　　ISBN978-4-7842-1913-1　C0077

方位・時刻表

（時刻は春分・秋分のとき）

江戸時代の不定時法（夜明けと日暮れが基礎）

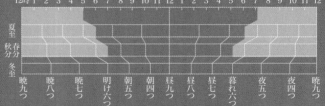

量衡	かん（貫）	3.75kg	1貫＝1000匁
	きん（斤）	600g	
	もんめ（匁）	3.75g	
	こく（石）	180.39ℓ	1石＝10斗
	と（斗）	18.039ℓ	1斗＝10升
	しょう（升）	1.8039ℓ	1升＝10合
	ごう（合）	0.1804ℓ	1合＝10勺
	しゃく（勺）	0.0180ℓ	

精白米:1合＝約150g